GTB
Gütersloher Taschenbücher
933

Heike Lipinski

Geboren 1967 in Kassel; Studium der Soziologie;
Mitarbeit an zahlreichen Forschungsprojekten;
seit September 1999 Referentin für Familienpolitik und
Schwangerschaftsberatung im Caritasverband
der Diözese Rottenburg-Stuttgart.

Heike Lipinski

Single

Leben zwischen Frust und Freiheit

Gütersloher Verlagshaus

Originalausgabe

Die Deutsche Bibliothek – CIP-Einheitsaufnahme

Lipinski, Heike:
Single - Leben zwischen Frust und Freiheit / Heike Lipinski. -
Gütersloh : Gütersloher Verl.-Haus, 2001
(Gütersloher Taschenbücher ; 933)
ISBN 3-579-00933-8

ISBN 3-579-00933-8

Umschlaggestaltung: INIT, Bielefeld
Satz: Buch-Werkstatt GmbH, Bad Aibling
Druck und Bindung: Elsnerdruck, Berlin

Gedruckt auf chlorfrei gebleichtem Werkdruckpapier

Printed in Germany

Besuchen Sie uns im Internet: http://www.gtvh.de

Inhalt

Vorwort

Sie blättern in diesem Buch – herzlich willkommen.

Vielleicht sind Sie neugierig, ob der Kauf sich lohnt, vielleicht haben Sie sich schon vorgenommen, das Buch zu lesen. Vielleicht sind Sie selbst Single oder sehen das auf sich zukommen. Vielleicht sind Sie erst seit kurzer Zeit Single, vielleicht schon viele Jahre. Vielleicht kennen Sie viele Singles. Vielleicht ist Ihre beste Freundin Single, vielleicht Ihr Sohn oder Ihre Tochter. Vielleicht sind Sie einfach an diesem Thema interessiert.

Ich weiß also relativ wenig über Sie. Aber ich möchte Ihnen die Gelegenheit geben, mich und dieses Buch kennen zu lernen.

Was bewegt mich, ein Buch zum Thema »Singles« zu verfassen? Seit zwei Jahren bin ich glücklich verheiratet. Habe ich Ihnen zu diesem Thema trotzdem etwas zu sagen? Vier Jahre war ich selbst Single – nicht dass das allein bereits Qualifikation wäre, um ein Buch zu schreiben. Aber es gibt mir den Vorteil, dass ich diese Lebenssituation nicht nur aus Erzählungen und abstrakten Überlegungen kenne.

Nach einem eher unglücklichen Start meines Singlelebens kam der Punkt, an dem ich angefangen habe, mich ganz bewusst damit auseinander zu setzen, persönlich und wissenschaftlich. Seitdem hat mich dieses Thema begleitet. Ich habe das Nachdenken nicht nur auf mich beschränkt, sondern habe andere eingeladen, sich ebenfalls Gedanken zu machen. Vor vier Jahren habe ich als Bildungsreferentin erstmals Seminare »Single werden ist nicht schwer, Single sein dagegen sehr!?« durchgeführt.

Single – Leben zwischen Frust und Freiheit, ein Informations- und Ratgeberbuch für Singles und Interessierte. Ratgeber für Singles gibt es zwar noch nicht wie Sand am Meer, aber doch schon in großer Anzahl – warum also ein weiteres Buch?

- Mein Ausgangspunkt ist, dass Single zu sein, eine eigenständige Lebensform ist und nicht defizitär oder nur das Durchgangstadium auf dem Weg zur Partnerschaft, auch wenn der Wunsch danach für viele Singles einen hohen Stellenwert hat. Daher geht es nicht primär um Flirttipps oder Partnersuche.
- Leben zwischen Frust und Freiheit. Das Leben als Single hat seine ganz eigenen Qualitäten, aber auch seine ganz speziellen Problematiken. Ich möchte Ihnen aus verschiedenen Perspektiven Einblicke in diese Lebensform gewähren. Ich erhebe dabei keinen Anspruch auf Vollständigkeit, sondern habe vielmehr diejenigen Aspekte ausgewählt, über die sich aus meiner Sicht das Nachdenken lohnt.
- Dieses Buch bietet Information über verschiedene Seiten des Singlelebens und soll zur Reflexion und zum Mitdenken einladen. Es soll Ideen geben, wie man das Leben als Single persönlich zufrieden stellend gestalten kann und Möglichkeiten zum besseren Umgang mit Schwierigkeiten aufzeigen.
- Es geht nicht um Patentrezepte mit Allgemeingültigkeit. Sie sind aufgefordert, sich eigene Gedanken zum Gelese-

nen zu machen. Es ist mir wichtig, Sie als Gegenüber ernst zu nehmen. Daher nehme ich mir nicht das Recht heraus, besser als Sie selbst zu wissen, was für Ihr Leben das Richtige ist. Urteilen Sie aus Ihrer subjektiven Sicht kritisch, was für Sie zutrifft und was Sie vielleicht ganz anders sehen.

Dieses Buch soll Einladung an Sie sein, neue Informationen, Ideen und Anregungen über und für das Leben als Single zu bekommen.

Ludwigsburg, im Herbst 2000 *Heike Lipinski*

Ein Buch bedarf vieler helfender Hände und kreativer Köpfe, um es fertig zu stellen. All denen, die daran beteiligt waren, sei gedankt, insbesondere Andreas Schicht für seine Ideen, der Katholisch-Sozialen Akademie Franz-Hitze-Haus in Münster, die die Singleseminare möglich machte, und allen Singles, die mir Anregungen gegeben haben.

Singles – die unbekannten Wesen: Eine Einführung

Kein Trendmagazin ohne Singlebörse, kein Reiseveranstalter ohne Singlereisen, kein Supermarkt ohne Angebot für den Einpersonenhaushalt, kein Fernsehsender ohne Flirtshow. Singles sind »in« in unserer Gesellschaft. Wir erleben sie ständig, die schönen Menschen von heute, jung, hip, auf der Höhe der Zeit und vor allem ungebunden. Wir bekommen eine Vorstellung von ihnen geliefert als das Bild des modernen Menschen schlechthin, während Paare und Familien lifestylemäßig hinterher zu hinken scheinen.

Wie das aber so ist mit Schlagwörtern: Alle wissen etwas, aber nur selten Genaues. Sind Singles auch nur Menschen wie du und ich, oder sind sie doch ganz anders? Gab es sie schon immer, oder sind sie ein Produkt unserer modernen Gesellschaft? Wie viele Singles gibt es und aus welchen Gründen leben sie so? Diesen Fragen soll im ersten Kapitel dieses Buches genauer auf den Grund gegangen werden.

Wann ist man eigentlich Single?

»Single« – ein Begriff aus dem Amerikanischen, mit dem wir inzwischen selbstverständlich umgehen. Jeder weiß natürlich, was ein Single ist, aber schon eine kleine Stichprobe im Bekanntenkreis zeigt, dass fünf Befragte drei unterschiedliche Meinungen haben, wer und was darunter zu verstehen ist. (Probieren Sie es aus!). Ein Modewort unserer

Zeit – doch was sind Kriterien, um einen Mann oder eine Frau dem Status »Single« zuzuordnen?

- Alleinwohnend? – Paare, die sich schon seit Jahren kennen und lieben, aber bisher aus unterschiedlichsten Gründen keinen gemeinsamen Haushalt gegründet haben – Singles? Wahrscheinlich würden Sie diese eher nicht unter den Begriff fassen.
- Der fünfunddreißigjährige Mann, der seit drei Jahren mit zwei Männern in einer Wohngemeinschaft lebt, aber nach einer gescheiterten Beziehung seit Jahren ohne Partnerin ist – kein Single, weil er mit anderen zusammenlebt?
- Allein stehend als einziges Kriterium? Die zweiundsiebzigjährige Witwe, die vor fünf Jahren ihren Mann verloren hat und nach vierzigjähriger Ehe kein Interesse an einer neuen Partnerbeziehung hat – ein Single, wie man sich das vorstellt?
- Der sechzehnjährige Schüler, der aufgrund seines Alters noch nicht so recht an eine dauerhafte Partnerschaft denkt und eher mal lockere Beziehungen zum anderen Geschlecht pflegt – typisch Single?
- Und wie verhält es sich mit allein erziehenden Frauen und Männern, die ein Kind, aber keine Partnerschaft (mehr) haben? Singles oder nicht?

Wer ist Single und wer nicht? Versucht man dem Wort selbst auf die Spur zu kommen, hilft auch das nicht entscheidend weiter. Single heißt übersetzt einzeln, allein – also diejenigen, die vereinsamt und ohne Kontakte sind? – Sie kennen sicher viele Singles mit großem Freundeskreis.

Wenn der Laie nicht weiterweiß, hat er ja zum Glück immer noch die Wissenschaft. Wenn es um Alleinerziehende, nichteheliche Lebensgemeinschaften oder Stieffamilien geht, gibt es wenig Diskussion um die Begrifflichkeit. Bei der Definition des Begriffes »Single« dagegen findet man unter Fachleuten ein ähnliches Ergebnis wie bei der Umfrage im Bekanntenkreis: Es besteht wenig Einigkeit darüber, wer unter die Gruppe der Singles zu fassen ist.

Dieses Buch wird ebenfalls nicht die endgültige und richtige Begriffsklärung liefern. Im Folgenden gehe ich von meinem wissenschaftlichen Verständnis des Begriffs aus. Dieses scheint mir gut begründet und hat sich in der Arbeit mit Singles als praktikabel erwiesen. Konstitutives Merkmal dafür, jemanden als Single zu bezeichnen, ist die Tatsache, dass er oder sie zur Zeit *keine Partnerbeziehung* hat, wie auch immer diese geartet sein mag (mit oder ohne gemeinsame Wohnung, fest oder lose, leidenschaftlich oder lau). Dabei ist es nicht primär wichtig, ob derjenige oder diejenige alleine lebt oder in Hausgemeinschaft mit anderen (z. B. Eltern, Freunden, WG-Mitgliedern). Auch das Vorhandensein von Kindern hat für mich keinen Einfluss auf die Tatsache, ob jemand dem Singlestatus zugeordnet werden kann oder nicht. Damit zähle ich Alleinerziehende zu dieser Gruppe.

Ein zweites wichtiges Kriterium neben der Partnerlosigkeit ist die *Altersgrenze*. Single ist jemand, der in einem Alter, »in dem man normalerweise in Partnerschaft lebt«, ohne eine solche ist. Damit fallen zum einen diejenigen heraus, die so jung sind, dass eine dauerhafte Partnerschaft für sie noch kein Thema ist und zum anderen die, die sich zu alt fühlen, um sich auf eine neue Partnerschaft einzulassen. Dies trifft insbesondere auf verwitwete Frauen über fünfundsechzig Jahren zu. Mir ist bewusst, dass es sich hier um eine fließende Definition handelt. Wo sollen Altersgrenzen gesetzt werden, welche Jahresangaben sind die richtigen? Ist man mit 45 noch Single, mit 50 aber nicht mehr, oder kann man gar mit 55 noch Single sein? Dies soll bewusst ungeklärt bleiben, weil eine klare Grenze in der Realität ebenfalls nicht besteht. Es bleibt ein stückweit dem Individuum selbst überlassen, sich nach eigener Einschätzung der Gruppe der Singles zuzuordnen oder nicht.

Menschen der Moderne – Gab es Singles nicht schon immer?

»Also Singles, die gab es schon zu allen Zeiten, da hießen sie halt anders, aber neu ist das ja nun wirklich nicht.«

Immer wieder wird die Frage gestellt, ob es Singles nicht in der Vergangenheit genauso gab wie heute. Sind es nicht lediglich in unserer modernen Gesellschaft zahlenmäßig ein paar mehr geworden und es hat sich ein neuer Begriff gefunden, aber im Grunde ist doch alles beim Alten geblieben? In einer derartigen Behauptung steckt durchaus Wahrheit und doch ist sie nicht zutreffend. Um das zu erläutern, möchte ich Sie ein wenig in die Historie führen, um zu verdeutlichen, warum ein Single in der heutigen Zeit und Gesellschaft letztendlich ganz anders ist als ein »Single vor 100 Jahren«, auch wenn die Partnerlosigkeit beiden gemein ist.

Richtig ist die Tatsache, dass es in verschiedenen historischen Zeitabschnitten ebenfalls große Gruppen von allein stehenden Personen gab.

In der vorindustriellen Zeit um die Jahrhundertwende und davor findet man als dominante Lebensform die so genannte Hausfamilie. Zu ihr gehörten neben den verwandten Familienmitgliedern auch Mägde, Knechte und Dienstboten, die mit in Haus und Hof lebten. Einpersonenhaushalte bildeten die Ausnahme, ihr Anteil lag bis zur Jahrhundertwende deutlich unter 10 %. Eine Heirat war zu dieser Zeit an enge Schicht- und Gruppengrenzen gebunden und damit einem großen Bevölkerungsanteil nicht gestattet. Die abhängigen Arbeitskräfte waren in der Regel davon betroffen. Die Ehe hatte wenig emotionalen Charakter. Vielmehr wurde der »Bund fürs Leben« aus ökonomischen und sozialen Gründen eingegangen und entsprach eher den Gesetzen der Tauschrationalität als einem romantischen Liebesideal. Rührende Liebesgeschichten über Standesgrenzen hinweg wie im Film stellten die Ausnahme dar.

Mit der Industrialisierung begann die Trennung von Haushalt und Berufstätigkeit. Man verließ jetzt die Wohnstätte, um »außer Haus« einer Erwerbstätigkeit nachzugehen. Das brachte eine wesentliche Veränderung in den Formen des Zusammenlebens mit sich. Die Hausfamilie verschwand langsam, die Entwicklung hin zur Kernfamilie (Vater, Mutter, Kind/-er und evtl. Großeltern) der heutigen Zeit begann. Diese wurde schon bald zum Eckpfeiler der bürgerlichen Gesellschaft. Das bedeutete aber immer noch nicht, dass jeder eine Familie hätte gründen dürfen oder können. Vor allem ökonomische Gründe, niedriger Lohn, der kaum für eine Person zum Überleben reichte, Arbeitsbedingungen, die Ausbeutung und ständige Verfügbarkeit vorsahen, Mangel an bezahlbarem Wohnraum, der lediglich ein Leben in Logierhäusern (oft ohne eigenes Bett) oder zur Untermiete erlaubte usw., machten es für bestimmte Personengruppen schlichtweg unmöglich zu heiraten, geschweige denn eine Familie zu gründen. Dies betraf vor allem diejenigen, die in der entstehenden Industrie beschäftigt waren sowie Hausmädchen und Dienstpersonal. So waren zu Beginn dieses Jahrhunderts beispielsweise in Wien zwar über 85 % der

Selbstständigen verheiratet, aber nur jeder dritte Fabrikarbeiter. Sobald sich die Lebensbedingungen der Arbeiter aber verbesserten, übernahmen sie in immer größerem Maß den Lebensstil des Bürgertums, der selbstverständlich die Ehe und eine Familiengründung einschloss.

In der Ideologie des Nationalsozialismus waren Alleinstehende nicht vorgesehen. Insbesondere Frauen wurden angehalten, ihrer Pflicht und Berufung als Ehefrau und Mutter nachzugehen. Nach dem Zusammenbruch der NS-Diktatur und dem Ende des zweiten Weltkrieges herrschte in Deutschland »Männermangel«. Viele Soldaten waren im Krieg gefallen oder in sowjetischer Gefangenschaft interniert, daher gab es einen hohen Anteil an allein stehenden Frauen, die Zerstörung und Wiederaufbau zu meistern hatten. Sie lebten meist mit Verwandten oder Freunden zusammen. Nach der Rückkehr vieler Männer aus dem Krieg und mit der Zeit des Wirtschaftswunders begann eine fast unvergleichliche Hochphase des Ehe- und Familienlebens in Deutschland. Wer jetzt weiterhin ohne Partner blieb, hatte aufgrund geringer Witwen- und Waisenrenten wirtschaftliche Probleme. Die Verdrängung der Frauen aus dem Arbeitsmarkt tat ein Übriges. Zudem genoss der Status »allein stehend« gesellschaftlich kein hohes Ansehen. Er wurde zum Anlass für Diskriminierung und Ausgrenzung. Bezeichnungen wie alte Jungfer, Mauerblümchen, Hagestolz zeugen davon.

Soweit der Exkurs in die nahe Vergangenheit. Dem hinzuzufügen wäre noch, dass es natürlich zu allen Zeiten auch Menschen gab, die aufgrund zölibatärer Vorschriften, aus religiösen Gründen bzw. aus Berufung allein stehend waren und sind.

Betrachtet man die letzten 200 Jahre, kann man also feststellen, dass die Familie das gesellschaftlich akzeptierte, gewünschte und angestrebte Leitbild war. Es gab zwar allein stehende Menschen – diese hatten ihren Status in der Regel aber nicht aus freier Wahl. Es war eine Lebensform, in die sie sich notwendigerweise fügen mussten. Freiwillige Alleinstehende, die dies als ideale Lebensform für sich persönlich erkannt und gewählt hatten, waren Ausnahmen. Und hier zeigt sich deutlich der Unterschied zum Single heutiger Tage. »Singles der Neuzeit« sind nicht aus wirtschaftlicher Not heraus allein stehend oder weil es ihnen verboten wäre, eine Partnerschaft einzugehen. Sie haben zunächst einmal prinzipiell die Wahl zwischen der Lebensform Single und anderen Formen, ihr Leben zu gestalten (zur Freiwilligkeit des Singlelebens siehe S. 110). Singlesein war in den letzten beiden Jahrhunderten als eigenständige Lebensform nicht vorgesehen. Heutzutage dagegen ist es zu einer neuen, akzeptierten Option der Lebensgestaltung geworden, die nicht mehr im Verdacht des Außenseitertums steht. Singles von heute dürfen, wollen, können Singles sein und sind aus diesen Gründen nicht mit den Alleinstehenden vor 100 Jahren zu vergleichen.

Wie viele Singles gibt es überhaupt?

»Unserer Gesellschaft ›versingelt‹!«, »In Großstädten bereits jeder zweite Single« – plakativ prangen die Überschriften. Die Zahl der Singles hat scheinbar dramatisch zugenommen. Jeder kann mindestens eine Hand voll Singles im Freundes- und Bekanntenkreis aufzählen, kennt Alleinlebende in der Nachbarschaft und Kollegen und Kolleginnen ohne Partner/-in: Singles allerorten.

Im Widerspruch dazu haben Singles selbst oft den Eindruck, die »letzten Mohikaner« zu sein, während sich in ihrer Umgebung alle zu Pärchen zusammenfinden. Sie erleben sich in einer paarorientierten Gesellschaft oft im Ausnahmestatus und haben das Gefühl, nur von glücklichen Partnerschaften und heilen Familien umgeben zu sein. Wie passen diese Eindrücke zusammen?

Es werden immer mehr?

Die Familie ist eine aussterbende Spezies, jeder zweite Deutsche lebt allein, was ist dran an diesen Meldungen? Zur Klärung dieser Frage kann die Verteilung der Haushaltsformen in Deutschland herangezogen werden. Diese ist nicht vollkommen identisch mit der Verteilung der Lebensformen, basiert dafür aber auf verlässlichen Angaben des statistischen Bundesamtes.

Partnerschaft und Familie sind nach wie vor die wichtigsten Lebensformen, in denen der Großteil der Deutschen lebt. Singles sind statistisch als Gruppe nicht einzeln ausgewiesen. Sie finden sich in den Kategorien der Alleinlebenden, Alleinerziehenden und sonstigen Haushaltsformen wieder.

Auffällig, ist die hohe Zahl der Alleinlebenden. Die Anzahl der Einpersonenhaushalte ist beachtlich angestiegen, wenn auch regional sehr unterschiedlich. Sie sind eine Erscheinung der Großstädte, in Frankfurt, Berlin oder München ist inzwischen jeder zweite Haushalt diesem Typus zuzurechnen, im bundesdeutschen Durchschnitt etwa jeder dritte (Statistisches Bundesamt 1997). Das ist eine Größenordnung von etwa 13 Millionen Menschen. Damit ist der Gesamtanteil der Alleinlebenden an allen Haushaltsformen um

Verteilung der Haushaltsformen in Deutschland

Haushaltsform	Frauen	Männer
ledige Kinder, beim Elternteil lebend	6,6	12,6
allein lebend, ledig	7,1	9,7
allein lebend, nicht ledig	15,4	6,3
mit Partner/-in, verheiratet zusammenlebend, ohne Kinder	26,9	29,4
mit Partner/-in, unverheiratet zusammenlebend, ohne Kinder	4,0	4,3
mit Partner/-in und Kindern verheiratet zusammenlebend	30,5	33,3
mit Partner/-in und Kindern unverheiratet zusammenlebend	1,5	1,6
allein erziehend	5,5	1,1
Sonstige (z.B. Wohngemeinschaft)	2,5	1,7

Quelle: Statistisches Bundesamt 1996, bezogen auf Personen über 18 Jahren

50 % angestiegen, bei den ledigen Alleinlebenden hat er sich in den letzten 20 Jahren sogar verdoppelt.

Viele Meldungen zum Thema »Singles« beziehen sich auf diese Tatsache. Es wird mit der Anzahl der Einpersonenhaushalte argumentiert und diese wird selbstverständlich mit der Anzahl der Singles gleichgesetzt. Das ist aber mit einer definitorischen Schwierigkeit behaftet, hier werden Äpfel mit Birnen verglichen. Wer alleine lebt, ist noch nicht zwangsläufig Single und umgekehrt. Die Zahl der Einpersonenhaushalte umfasst aber Menschen aller Altersklassen und mit unterschiedlichem Familienstand von ledig bis verwitwet. Damit werden auch diejenigen hinzugezählt, die zwar in einer festen Partnerschaft leben, mit ihrem/r Partner/-in aber keinen gemeinsamen Haushalt haben können oder wollen. Auch verwitwete ältere Menschen und Schüler, die nicht typische Vertreter der Gruppe der Singles sind, sind in diesen Angaben enthalten.

Aber auch bei der Einführung des Begriffs Single (siehe S. 15) kann man feststellen, dass die Anzahl in den letzten Jahren stetig angestiegen ist, allerdings nicht in dem Ausmaß wie die Anzahl der Einpersonenhaushalte. Im Gegensatz zu den Einpersonenhaushalten, deren Zahl regelmäßig vom statistischen Bundesamt erhoben wird, ist die Anzahl der Singles nicht exakt erfasst. Man ist daher auf Schätzungen angewiesen. Es gibt aufgrund empirischer Studien Belege dafür, dass in der Altersgruppe zwischen 25 und 50 Jahren jede/r Vierte bis jede/r Fünfte zur Gruppe der Singles gezählt werden kann.

Warum gibt es Singles?

Aus den letzten Abschnitten bleibt festzuhalten, dass es mehr und aus anderen Gründen Singles gibt als vor 30 oder 40 Jahren. Das Singleleben ist heutzutage eine Wahlmöglichkeit im individuellen Lebensverlauf geworden, in der man nur kurz- oder auch längerfristig leben kann. Welche Gründe haben dazu geführt, dass man sich heute für ein Leben als Single entscheiden kann, will oder auch muss (wenn sich der/die Wunschpartner/-in nicht findet), während dies noch vor einer Generation nicht ohne weiteres möglich gewesen wäre?

Zunächst muss betont werden, dass es nicht »die Ursache« schlechthin dafür gibt, dass eine gestiegene Anzahl von Menschen als Single lebt. Im Einzelfall findet man viele individuelle Gründe, warum der gute Freund oder die Arbeitskollegin ohne Partnerschaft sind. Ergänzend dazu haben gesellschaftliche Entwicklungen bewirkt, dass überhaupt die Möglichkeit besteht, als Single zu leben und Partnerschaften weniger stabil sind.

Die wichtigsten gesellschaftlichen Ursachen für die Zunahme der Anzahl der Singles sind im Folgenden kurz dargestellt.

Gesellschaftliche Anerkennung und individuelle Lebensweise

Die Anerkennung der Lebensform Single steht im Zusammenhang mit der gesamtgesellschaftlichen Entwicklung. Die moderne Gesellschaft sieht für den/die Einzelne/n nicht mehr eine normierte Standardbiografie vor, die für alle in etwa gleich ablaufen muss (Schule, Ausbildung, Heirat bis dass der Tod euch scheidet, Kinder), sondern jeder kann aus verschiedenen Möglichkeiten wählen, was für ihn persönlich am besten passt. *Individualisierung* heißt das Zauberwort. Diese Wahl ist zwar nicht immer so frei wie sie scheint, da jeder Mensch in Kontexten lebt, in denen er Rücksichten nehmen muss. Prinzipiell kann aber jeder im Laufe seines Lebens entscheiden, welche Phasen und Lebensformen er durchlaufen möchte. Er stellt sich aus Versatzstücken die eigene Bastelbiografie zusammen – allerdings auf eigenes Risiko. Mit dieser Möglichkeit der Wahl werden ihm auch alle Verantwortlichkeiten zugesprochen. Der Einzelne muss gerade stehen, wenn sein Lebensentwurf misslingt.

Ebenso wie Beruf oder Wohnort ist auch die Lebens- und Beziehungsform innerhalb gewisser Rahmenbedingungen frei wählbar. In diesem Kontext ist das Leben als Single zu einer *anerkannten Variante in der Gestaltung der eigenen Biografie* geworden. Es ist möglich, als Single zu leben, ohne Diskriminierung, wie vielleicht noch vor 30 Jahren üblich. Ob allerdings zuerst ein Anstieg der Zahl von Menschen, die als Single leben, begründet durch wachsende gesellschaftliche Anerkennung, gegeben war oder die gesellschaftliche Akzeptanz dieser Lebensform dadurch, dass immer mehr Menschen sie zumindest phasenweise wählen, gleicht der Frage nach Henne und Ei. Es kann davon ausgegangen werden, dass sich beide Entwicklungen wechselseitig beeinflusst haben.

Heiratsalter

In den fünfziger und sechziger Jahren war man zumeist mit Anfang zwanzig verheiratet und blieb dies lebenslänglich. Da blieb im Lebensverlauf keine Zeit, Phasen des Singlelebens auszuprobieren. Junge Erwachsene binden sich in der heutigen Zeit nicht mehr so früh. Das Heiratsalter ist wieder angestiegen und liegt zur Zeit bei rund 27 Jahren bei Frauen und bei rund 30 Jahren bei Männern. Vielmals wird nicht mehr der/die erste Beziehungspartner/-in geheiratet, sondern es schieben sich immer wieder Zeiten des Singlelebens zwischen einzelne Beziehungen. Junge Erwachsene warten erst, bis ihre Ausbildung beendet ist und sie beruflich und ökonomisch auf eigenen Beinen stehen, bevor eine Eheschließung eine Rolle spielt. Die Heirat wird auch immer öfter vor allem unter dem Aspekt der Familiengründung in Betracht gezogen, d. h. sie erscheint erst bei konkretem Kinderwunsch notwendig. Solange das nicht der Fall ist, ist immer mehr Menschen eine nichteheliche Lebensgemeinschaft »ausreichend«. Seit die »Achtundsechziger« die Ehe als Ausdruck bürgerlicher Spießigkeit diskreditiert hat, ist sie möglich, aber nicht mehr unbedingt zwingend. Ein immer größerer Teil der Bevölkerung wird sich im Laufe des Lebens nie für eine Ehe entscheiden. Während von den im Jahr 1930 Geborenen fast 95 % im Laufe ihres Lebens irgendwann mindestens einmal heiraten werden, wird dieser Anteil bei den im Jahr 1960 Geborenen nur noch auf 75 % geschätzt.

Scheidung ist möglich

Viele Singles sind geschieden, sie müssen oder wollen nach dem Zerbrechen ihrer Ehe erst einmal eine Zeit allein leben. Seit 1976 gilt in Deutschland als Grundlage einer Scheidung nicht mehr das Schuld-, sondern das Zerrüttungsprinzip. Eine Konsequenz dieser Änderung ist, dass der Unterhaltsanspruch jetzt nach der Bedürftigkeit der ehemaligen Ehepartner bemessen wird. Dies ermöglicht es vor allem Frauen, von sich aus eine unbefriedigende Partnerschaft aufzukündigen und dann zumindest eine Zeit lang allein bzw. mit Kindern zu leben, ohne vor dem finanziellen Ruin zu stehen. Damit ist ein weiterer Schritt, von der Unauflöslichkeit der Ehe zu der Möglichkeit, diese bei Nichtgelingen wieder zu beenden, gemacht. Die Stigmatisierung Geschiedener ist weggefallen. Scheidung stellt heute eine Möglichkeit dar, die bei vielen Paaren schon im Moment der Eheschließung einkalkuliert wird.

Diese Entwicklung möchte ich nicht bewerten, aber Folgendes zu bedenken geben: Man sollte nicht zwangsläufig davon ausgehen, dass Ehen früher prinzipiell glücklicher oder besser gewesen sind, weil eine niedrigere Scheidungsrate dies scheinbar dokumentiert. Es war insbesondere Frauen aus ökonomischen und gesellschaftlichen Gründen nur sehr schwer möglich, den Schritt der Scheidung zu vollziehen. Die zu erwartenden Nachteile waren so gravierend, dass sie lieber in einer unglücklichen Ehebeziehung ausharrten. Der Schweizer Soziologe *Höpflinger* schätzt, dass früher bei anderen Scheidungsgesetzen und gesellschaftlichen Bedingungen ebenso viele Ehen wie heute geschieden worden wären.

Sexualität

Zwei Faktoren waren grundlegend für die Entwicklung von einer konservativen Sexualmoral hin zur relativen Freizügigkeit von heute. Zum einen hat seit Ende der sechziger Jahre eine Enttabuisierung im Verständnis von Sexualität eingesetzt. Die gesamtgesellschaftliche Sichtweise von Sexualität hat sich, abgesehen von sehr konservativen und bestimmten kirchlichen Kreisen, geändert. Voreheliche, nichteheliche und außereheliche Sexualität verursachen kaum mehr Aufregung, sondern gehören zu den Normalitäten, die in jedem zweiten Fernsehfilm gezeigt werden. Der andere wichtige Faktor für diesen Wandel ist die Entwicklung zuverlässiger Kontrazeptiva. In Zeiten moderner Verhütungsmittel muss nicht mehr mit unerwünschten Folgen einer jenseits fester Bindungen ausgelebten Sexualität gerechnet werden. Insbesondere für Frauen wurde der Weg zu einem anderen Umgang mit Sexualität, frei vom Risiko einer möglichen Schwangerschaft und damit auch frei von einer ehelichen Gemeinschaft, geebnet. Erst die Gefährdung durch Aids hat zu einem Überdenken der vorherrschenden Sexualmoral und einer gewissen Rücknahme der Entwicklung geführt. Geblieben ist aber die Möglichkeit, auch dann, wenn man keinen festen Lebenspartner/-in hat, sexuelle Bedürfnisse und Wünsche zu verwirklichen.

Wer allerdings denkt, insbesondere von Singles ginge der Verfall von Moral und Sitten aus, weil diese in sexueller Hinsicht ihren Spaß haben wollen und Bindung und Verantwortung scheuen, liegt falsch. Das freie Ausleben von Sexualität spielt nur für wenige Singles eine wichtige Rolle. In Deutschland finden neun von zehn sexuellen Begegnungen innerhalb fester Bindungen statt. »Sex ohne menschliche Wärme« (Spiegel), der »One-night-stand«, ist für die meisten keine Alternative. Das Bild der »Swinging-Singles«, die wild und ungezügelt ihre sexuellen Wünsche verwirklichen, kann ins Reich der Märchen verwiesen werden. Nur wenige Singles (die Schätzungen liegen zwischen 2 % und 10 %) pflegen während ihrer Singlezeit überhaupt sexuelle Kontakte. Noch geringer ist der Anteil derjenigen, die dabei ständig die Sexualpartner/-innen wechseln.

Berufstätigkeit und finanzielle Möglichkeiten

Vielleicht erscheint die Aussage trivial, aber sie ist von ganz entscheidender Bedeutung: Wer als Single leben möchte, muss sich das erst einmal leisten können und braucht einen gewissen finanziellen Hintergrund. Wohnung, Anschaffungen, Auto muss der Single allein von seinem Einkommen finanzieren.

Insbesondere für Frauen bestand die Möglichkeit lange nicht. Sie hatten zumeist keine eigene Berufsausbildung oder waren nur schlecht qualifiziert. Daher war es ihnen nur bedingt möglich, selbstständig ihren Lebensunterhalt zu erwirtschaften. Das hatte zur Folge, dass sie, wenn sie eine unbefriedigende Ehe verlassen wollten, um allein zu leben, damit rechnen mussten, in eine finanzielle Notlage zu geraten. Konsequenz war, dass sie ein Fall für die Sozialhilfe/Fürsorge wurden – eine Vorstellung, die für viele überaus abschreckend war. Das hat sich in Zeiten gestiegener Bildungs- und Ausbildungschancen gewandelt. Frauen sind zu einem höheren Anteil berufstätig, haben eine verbesserte Einkommenssituation und sind nicht mehr darauf angewiesen, »versorgt zu werden«.

Aber die Berufswelt verlangt viel. Wer einen gesicherten Arbeitsplatz haben möchte, der muss mobil sein. Die Suche nach einer adäquaten Arbeitsstelle reißt Menschen aus gewohnten Lebenszusammenhängen heraus. Nach dem Willen von Firmenleitungen sollen Arbeitnehmer/-innen flexibel sein und der Beruf die höchste Priorität im Leben genießen. Zwischenmenschliche Verpflichtungen sind da eher hinderlich: schlechte Zeiten für Partnerschaft!

Rollenverständnis

Geht man 40 Jahre zurück, stellt man fest, dass die Rollenaufteilung zwischen Mann und Frau in der Partnerschaft klar war. Dem Mann kam die Aufgabe des Versorgers der Familie zu und damit war er für die Sicherung des materiellen Wohlstandes verantwortlich. Der Wirkungsbereich der Frau war dagegen die Führung des Haushaltes und die Erziehung der Kinder. Nur in Familien mit sehr engem finanziellen Rahmen, musste die Ehefrau ebenfalls einer Erwerbsarbeit nachgehen. Noch bis 1975 war in Deutschland gesetzlich verankert, dass der Ehemann darüber entscheiden konnte, ob seine Ehefrau überhaupt einer Berufstätigkeit nachgehen durfte.

Diese früheren Selbstverständlichkeiten sind in Zeiten von Frauenbewegung und Emanzipation in Auflösung begriffen. Zwar gibt es immer noch viele Paare, auch jüngere, die das klassische Rollenverständnis unhinterfragt leben, aber es steht in immer mehr Beziehungen zur Disposition. Insbesondere die Frauenrolle hat einen grundlegenden Wandel erfahren. Es ist Normalität geworden, dass Frauen gleiche Rechte und Pflichten wie Männer haben, eine eigene Berufsausbildung absolvieren und ein selbstbestimmtes Leben ohne Abhängigkeit von einem männlichen Partner führen können. Diese Rechte fordern sie zunehmend auch in der Zweierbeziehung ein. Demgegenüber hat sich das Verständnis, welche Aufgaben der Mann in einer Partnerschaft und im öffentlichen Leben erfüllen sollte, in vielen Punkten nicht entsprechend mit verändert. Männer sind im Durchschnitt noch traditioneller orientiert. In dieser Ansicht sehen sie sich durch viele Faktoren gestützt, so z. B. ganz entscheidend durch die Organisation der Erwerbsarbeit. Die Wirtschaft ist noch immer an dem Modell orientiert, dass der Mann Karriere macht, während ihm eine treu sorgende Ehefrau durch Erledigung des Haushaltes und der familiären Pflichten den Rücken freihält.

In vielen Beziehungen liegt hier ein Konfliktpotential. Die gegenseitigen Definitionen der Rollen passen nicht mehr zusammen. Der Mann stellt sich eine weit gehend an das klassische Verständnis angelehnte Rollenverteilung vor, während die Frau auf Selbstbestimmung und Gleichberechtigung pocht. Viele Wissenschaftler sehen hierin einen der wichtigsten Gründe, warum Beziehungen scheitern. Vor allem Frauen leben lieber selbstbestimmt als Single, als sich in einer Beziehung einer traditionellen, ihren Bedürfnissen und Vorstellungen nicht entsprechenden Frauenrolle zu fügen.

Anforderungen der pluralen Gesellschaft

Beziehungen funktionieren nicht selbstverständlich. Partnerschaft bedeutet immer ein Stück Arbeit und Bemühen von beiden Beteiligten, wenn sie gelingen soll. Das mag schon immer so gewesen sein. Neu ist jedoch, dass in der pluralen Gesellschaft besondere Ansprüche an Beziehungen gestellt werden und zwar in dreifacher Hinsicht:

- Es besteht eine Vielfalt gesellschaftlicher Werte und Ideologien. Der Grundkonsens dessen, was gut und richtig ist, woran man glauben sollte und was an Werten notwendig ist, ist brüchig geworden. Es gibt heutzutage viele Möglichkeiten, das Leben zu gestalten – man muss wählen, um seinen persönlichen Wertehorizont zusammenzustellen. Das gilt auch für Beziehungen. Es ist nicht mehr selbstverständlich gegeben, welche Regeln gelten sollen: Ist Treue beiden wichtig oder soll es besser eine offene Zweierbeziehung sein? Wünscht man sich Kinder oder lieber nicht? Welchen Stellenwert soll die Partnerschaft gegenüber dem Berufsleben haben? Viele Fragen, in denen kein Konsens mehr zwischen den Partnern besteht.
- Diese Fragen und unterschiedlichen Ansichten müssen ausgehandelt werden. Beide Partner müssen miteinander klären, was sie wollen. Das erfordert kommunikative Fähigkeiten. Ein hohes Maß an sozialer Kompetenz ist notwendig, um über persönliche Belange sprechen, Bedürfnisse zu äußern und Kompromisse schließen zu können. Viele Menschen haben diese Fähigkeiten aber nie oder nicht ausreichend erlernt. Partnerschaften zerbrechen, weil Partner sich nicht über Probleme austauschen und gegenseitig ihre Vorstellungen vermitteln können.

- Hinzu kommt, dass die Gesellschaft in Form problematischer äußerer Bedingungen wie Arbeitslosigkeit, Armut, Wohnungsnot etc. auf Partnerschaften einwirkt und diese gesamtgesellschaftlichen Problematiken als individuelle Frustrationen in Beziehungen auftauchen. Dort müssen sie aufgefangen werden. Auch das erfordert die beschriebenen Fähigkeiten zu Kommunikation und Austausch, will man die Problemlagen gemeinsam aushalten und sich nicht von ihnen auseinander dividieren lassen.

Familie ist nicht mehr notwendig?

Wie der Exkurs in die Historie gezeigt hat (S. 16 ff.), war im vorletzten Jahrhundert die Hausfamilie vorherrschend. Sie hatte wesentlich mehr Aufgaben inne, als wir sie heute klassisch der Familie zuschreiben: Kinder wurden ausschließlich innerhalb der Familie erzogen, oft auch geschult und ausgebildet, Kranke wurden versorgt, alte Menschen lebten in der Regel bis zu ihrem Tod in der Familie und wurden dort gegebenenfalls auch gepflegt. Die wirtschaftliche Versorgung, z. T. auch die Gerichtsbarkeit, lagen im Bereich der Familie. Der Einzelne war darauf angewiesen, in einen Familienverbund einbezogen zu sein, der diese Funktionen wahrnahm und ihm zur Verfügung stellte.

In der heutigen Gesellschaft sind viele dieser Funktionen aus der Familie ausgelagert und an Institutionen übergegangen. Wir haben Kindergärten, Schulen, Altenheime, Krankenhäuser, Gerichte etc. Dies führte zur (von der Wissenschaft so benannten) *Entfunktionalisierung der Familie*. Menschen müssen zur Erfüllung sozialer Aufgaben und um gewisse Sozialleistungen für sich persönlich garantiert zu bekommen nicht mehr den Familienverband aufrecht erhalten. Die Gesellschaft stellt ihnen entsprechende Angebote zur Verfügung. Es ist für den Einzelnen heute kein Problem, außerhalb der Familie als Single zu leben und trotzdem sozial eingebunden zu sein.

Damit möchte ich aber nicht behaupten, die Familie sei überflüssig geworden, weil sie einen Teil ihrer Aufgaben abgegeben hat. Sie spielt meiner Meinung nach im emotionalen und zwischenmenschlichen Bereich weiter eine unverzichtbare Rolle.

Partnerschaft in der modernen Gesellschaft

Wie bereits beschrieben, gab es bis zum letzten Drittel des Jahrhunderts weit wichtigere Gründe für eine Heirat als die Liebe. Die meisten dieser Gründe sind inzwischen weggefallen. Partnerschaft und Familie sind für die Sicherstellung bestimmter sozialer Funktionen nicht mehr zuständig. Ihre Aufgabe konzentriert sich daher auf das Wesentliche: die Befriedigung emotionaler Bedürfnisse, die Schaffung von Nähe, Intimität und Wärme zwischen ihren Mitgliedern. Nirgendwo kann der Mensch seine Gefühle so stark und direkt ausleben wie in einer Zweierbeziehung. Es hat der Wandel von der Zweckheirat zur romantischen Liebesheirat stattgefunden.

Oft wird behauptet, dass die Anzahl der Singles im Steigen begriffen sei, weil Partnerschaft den Menschen immer weniger bedeute. Junge Menschen seien beziehungsunfähig und egoistisch, die Konsequenz sei ein mangelndes Interesse an Beziehungen und bewusstes Alleinbleiben. Gerade das Gegenteil ist aber der Fall. Befragungen führten zu dem Ergebnis, dass in einer Gesellschaft, in der immer stärker Leistungsdenken, Anonymität und soziale Kälte dominant sind,

Zweisamkeit, Freundschaft, Partnerschaft, Ehe und Familie hoch im Kurs stehen. Dies trifft insbesondere auf die Gruppe der jungen Erwachsenen zu.

Aber es soll nicht irgendeine Partnerschaft sein, die Erwartungshaltung ist gestiegen. Der oder die Einzelne nimmt für sich das Recht in Anspruch, sein Leben nach eigenen Vorstellungen selbst zu gestalten und glücklich zu sein. Das erwartet er oder sie auch von einer Partnerschaft. Sie soll glücklich machen, Wünsche nach Intimität und Selbstverwirklichung befriedigen. Gelingt es nicht, diese hohen Ansprüche einzulösen, sind Menschen schneller als früher bereit, eine Beziehung zu beenden und eine/n Partner/-in zu suchen, mit dem/der sie sich größere Chancen ausrechnen, diese Wunschvorstellungen einzulösen. Die Frustrationstoleranz, eine problematische Beziehung aufrecht zu erhalten, die dauerhaft nicht glücklich zu machen scheint, ist geringer geworden.

Typisch Single

Singles sind uns präsent wie kaum eine andere Bevölkerungsgruppe. Man berichtet über sie, man befragt sie, man spekuliert über ihre Lebensentwürfe und interessiert sich für ihre Gewohnheiten. Da ist eine neue Lebensform entstanden, die es so früher nicht gab und immer mehr Menschen gehören ihr an. Aber was weiß man wirklich über die neuen Singles? Gibt es eine Schublade, in die sie genau reinpassen oder sind sie bunt gemischt und nur zufällig durch dieselbe Lebensform verbunden? Was ist typisch für Singles, was Realität und was Vorurteil? Darum soll es im Folgenden gehen.

Singles und Gesellschaft

Die Gesellschaft interessiert sich für ihre Singles. Sie werden beachtet, sind als Lebensform besonders spannend. Was für Bilder entwirft die Gesellschaft von ihnen, wie geht sie mit ihnen um? Und wie fühlen sich Singles selbst in der Gesellschaft? Erleben sie sich noch als die Außenseiter von früher oder sind sie akzeptiert?

Gesellschaft sieht Singles

Es gibt zwei ganz unterschiedliche Bilder über Singles in der Gesellschaft.

Das eine hat die Wurzeln in der Vergangenheit. Geht man

einige Jahre zurück, war die Lebensform Single – oder damals allein stehend – gesellschaftlich nicht vorgesehen. Hatte trotzdem jemand diesen Status inne, war er Zielscheibe von Spekulationen und Diskriminierung, bestenfalls wurde er ignoriert. Diese Person entsprach mit ihrem Leben nicht der normalen gesellschaftlichen Vorstellung, sondern hatte eine Außenseiterrolle inne (alte Jungfer, ewiger Junggeselle, spätes Mädchen, Sitzengebliebene). Irgendetwas musste wohl nicht stimmen, dass sie keine/n Partner/-in gefunden hatten. Die Variante, dass jemand aus freien Stücken keine/n Lebenspartner/-in wollte, war nicht denkbar.

Ganz ausgerottet ist dieses Denkmuster heutzutage immer noch nicht. Gerade für Ältere – aber nicht nur – ist es nur schwer nachvollziehbar, dass junge Menschen partnerlos sind und alleine leben. In ihrer Jugend gab es diese Möglichkeit schließlich nicht. Singles werden in ihrem Solistenleben oft nicht verstanden. Ihre Umgebung macht sich Gedanken, ob ein partnerloses Leben auf Dauer glücklich machen kann, Eltern sorgen sich um ihre unverheirateten Kinder, die das dreißigste Lebensjahr überschritten haben. Einige sehen Singles sogar als Gefährdung für Ehe und Familie, den aus ihrer Sicht bewährten und guten Lebensformen.

Demgegenüber steht immer deutlicher ein ganz anderes Bild des Singles, das Werbung, Lifestylezeitschriften und Fernsehen entwerfen. Da ist kein Platz mehr für den komischen Kauz in der trostlosen Einzimmerwohnung. Da werden uns Singles als modern und als Menschen der Zukunft vorgeführt, Trendsetter der Gesellschaft. Interessante, fröhliche Menschen, diese Singles, die gut drauf sind, mit einem Beruf, der ihnen Spaß macht, sie verdienen gut und leben auf der Höhe der Zeit. Wir erleben Flirtparties, »Blind dates« mit Blitztrauung, Singleauktionen und Partnershows, den einsamen Cowboy und die »Femme fatal« unterwegs im Großstadtdschungel. Der Spiegel formuliert: »Die Spiele der Singles faszinieren die Öffentlichkeit«. Hier werden Prickeln und Spannung suggeriert, die uns im geregelten Leben oft verloren gegangen sind. Gerade wenn man selbst Partnerschaft, Gebundenheit und Kinder als Einengung der eigenen Wünsche erlebt, scheint das Singleleben eine verlockende Freiheit. Mögliche negative Aspekte des Singlelebens werden ausgeblendet. Das Leben als Single – nur halb so schlimm und eher doppelt schön. Singles sind beneidenswert, weil sie schon weit voraus zu sein scheinen auf dem Weg in die Spaßgesellschaft der Zukunft.

Single sieht Gesellschaft

So sieht die Gesellschaft Singles. In welcher Rolle nehmen sie sich selbst wahr, welchem Bild würden sie sich zuordnen? Am liebsten würden Singles wohl gar nicht als Ausnahmewesen verstanden werden und sehen sich in der Regel weder als trendy noch als bemitleidenswert.

Mit dem neuen Bild als Vorreiter der modernen Gesellschaft, das von ihnen entworfen wird, können sich die wenigsten Singles identifizieren. Am ehesten entspricht es noch dem Lebensgefühl der freiwilligen Singles ohne Partnerwunsch, die aber nur einen Anteil von schätzungsweise 10-15 % aller Singles ausmachen. »Flirtfreiheit« und das Hochgefühl durchtanzter Nächte genießen Singles nur kurzfristig. Die Freude an Spaßorientierung und Trophäenjagd wird überlagert von Schattenseiten ihrer Lebensweise, wie Einsamkeit, dem Gefühl, nicht geliebt zu sein, der Angst, alleine alt zu werden.

Sie registrieren auch die negativen Rückmeldungen zu ihrer Lebensform, dass sie partnerlos immer noch ein klein wenig außerhalb der Normalität liegen. Mitleidige Blicke von anderen, die sie bedauern, dass sie »das große Glück« noch nicht gefunden haben. Sie hören die Frotzeleien der Arbeitskollegen, sie sehen sich mit Nachfragen der Verwandtschaft konfrontiert, ob denn nicht endlich ein Heiratskandidat oder eine Heiratskandidatin in Sicht wäre, in deinem Alter ... Solche Bemerkungen sind nicht verletzend gemeint, werden aber von Singles sensibel wahrgenommen. Sie lassen die alten Bewertungen weiterhin zum Tragen kommen, dass das Leben als Single ja nicht glücklich machen könne, das Single nur derjenige/diejenige ist, der/die noch niemanden abbekommen hat. Viele Singles erleben sich noch immer als Außenseiter in einer paarorientierten Gesellschaft, obwohl sie es von der Anzahl her längst nicht mehr sind. Sie haben das Gefühl, die Maßstäbe und Erwartungen der Gesellschaft in einem ganz wesentlichen Punkt nicht erfüllt zu haben. Weil sie zumeist auch selbst eine andere Vorstellung vom Leben haben, nämlich in einer Partnerschaft, empfinden sie sich außerhalb ihrer persönlichen und außerhalb der gesellschaftlichen Norm liegend.

So sind Singles – kleine soziologische Beschreibung

Die Soziologie ist eine Wissenschaft, die alle gesellschaftlichen Bereiche untersucht und erforscht. Da konnten ihr Singles als neue Lebensform natürlich nicht entgehen. Sie hat Theorien entwickelt und statistische Zahlen gesammelt. Aber was nutzt es, aus dieser Perspektive mehr über Singles zu erfahren?

Da gibt es mehrere Gründe:

- Man hat Bilder über Singles im Kopf, Vorstellungen, was den typischen Single auszeichnet, Schubladen, in die diese Lebensform eingeordnet ist. Viele Singles haben Zweifel im Hinblick auf ihre Selbsteinschätzung und fragen sich, wie ihr Singleleben mit den gesellschaftlichen Bildern zusammenpasst. Die Frage ist, ob die produzierten Bilder über Singles zutreffend sind. Haben wir es mit der Realität oder nur mit Vorurteilen zu tun?

- Viele Singles fragen sich, warum gerade sie partnerlos sind. Je länger das Singledasein dauert, um so mehr beginnen sie, die Ursachen dafür in ihrer Persönlichkeit zu suchen. Haben sie merkwürdige Eigenschaften oder äußerliche Defizite, an denen es liegen könnte, dass es bisher mit einer Partnerschaft nicht geklappt hat? Die Frage lautet: Gibt es Eigenschaften, mit denen zu begründen wäre, dass Singles entgegen ihrem Wunsch noch keine/n Partner/-in gefunden haben?

- Es wird oft suggeriert, dass alle Singles doch recht ähnlich seien und man typische Singlemerkmale feststellen könne. Oft werden auch verschiedene Kategorien von Singles gebildet. Gibt es diese Homogenität innerhalb der Singles und in welche Gruppe kann ich mich persönlich einordnen?

Die Spannung wird vorweg aufgelöst, in der Hoffnung, dass Sie trotzdem weiterlesen: *Vielleicht haben Sie es insgeheim schon geahnt. Den typischen Single gibt es allenfalls im Kino oder im Werbefernsehen.* Die Gruppe der Singles ist ebenso heterogen wie diejenige der Menschen, die in einer Partnerschaft leben. Es verbietet sich, alle in einen Topf zu werfen.

Singles zeichnen sich nicht durch bestimmte äußerliche oder charakterliche Merkmale aus, die für ihr Singleleben verantwortlich sind. Sie sind im Durchschnitt genauso sympathisch oder unsympathisch, hübsch oder hässlich, sozial oder unsozial, interessant oder langweilig wie andere Menschen. Wenn Sie im Geiste einmal Ihren Bekanntenkreis durchgehen, werden Sie feststellen, dass Ihnen mindestens so viele tolle Singles einfallen (Typ: verstehe gar nicht, warum er/sie keinen findet, ist doch so nett) wie unsympathische Personen, die aber schon seit Jahren in einer Beziehung leben (Typ: verstehe gar nicht, wie man es mit dem/der aushält).

Richtig ist aber, dass es trotz aller Verschiedenheit in Charaktereigenschaften und Aussehen doch Gemeinsamkeiten in der Gruppe der Singles gibt. Es gibt einige Merkmale in ihrer Lebensführung, die auf sie im Durchschnitt häufiger zutreffen als auf andere Menschen. Dabei kann nicht eindeutig geklärt werden, inwieweit diese ursächlich für das Singleleben sind oder vielmehr aus dem Singleleben resultieren: Ist jemand Single, weil er diese Merkmale hat oder ergeben sie sich erst aus seinem Leben als Single?

Um diese Merkmale näher zu betrachten, soll als Ausgangspunkt der »typische Klischeesingle« dienen, wie er in der Kino- oder Fernsehwerbung vorkommen könnte: Er springt morgens locker aus dem Bett, duscht erfrischend mit der Meeresbrise-Lotion, trinkt im Morgenmantel (auf jeden Fall Seide) Kaffee (Krönung light bevorzugt), der aus der Designerkaffeemaschine kommt, schlüpft dann in ein lässig aussehendes, aber doch modisch-schickes Outfit – Geld genug hat er ja. Dann fährt er zur Arbeit, um einem wichtigen und interessanten Beruf nachzugehen, mittags ein kurzer Businesslunch in einem netten Bistro. Abends kommt er nach Hause in die geschmackvolle, großzügige und lichtdurchflutete Wohnung (Penthouse!). Dann wird ganz unkompliziert ein gesundes kleines Essen gezaubert. Danach geht's zum Treffen mit Freunden in eine angesagte Bar, zur Abwechslung wird auch mal das spannende Hobby ausgeübt. Wenn das Wochenende ansteht, bricht man je nach Jahreszeit zum Snowboarden oder Tauchen auf oder man unternimmt eine lustige Spritztour mit dem Cabrio.

Was – bei Ihnen ist das nicht so? Ja, dann sind Sie vielleicht kein richtiger Single, zumindest kein typischer oder stimmt dieses Beispiel nicht? Alles Klischee, mehr Schein als Sein oder von der Realität doch nicht so weit entfernt? In den folgenden Abschnitten werden diese Bilder einmal näher durchleuchtet und überprüft, was auf Singles wirklich zutrifft und was nicht.

Singles und Beruf

In der Tat – nicht alle Singles haben so interessante und ausfüllende Berufe wie sie sich das persönlich vorstellen. Einige werden auch morgens schon hoffen, dass der Feierabend bald da sein möge. Für den größeren Teil unter den Singles ist aber die berufliche Tätigkeit tatsächlich ein wichtiger oder sogar sehr wichtiger Bereich in ihrem Leben (72 % bezeichnen ihre Berufstätigkeit als »wichtig« oder »sehr wichtig«), der mehr Raum als bei anderen Menschen im vergleichbaren Alter einnimmt. Sie leisten im Durchschnitt mehr Arbeitsstunden und sind öfter vollzeitbeschäftigt. Sie engagieren sich stärker für einen beruflichen Aufstieg als andere. Soweit stimmt dieses Bild für einen Großteil der Singles.

Das führt oft zu der Schlussfolgerung, dass bei Singles die Prioritäten eindeutig von einer Partnerschaft weg zu einer starken Karriereorientierung verschoben sind: »Die wollen ja gar keine Partnerschaft, die sind ja mit dem Job verheiratet.« Aus meiner Sicht stellt sich der Zusammenhang andersherum dar. Viele Singles legen ihr Gewicht nicht deshalb so stark auf ihre berufliche Tätigkeit, weil sie kein Interesse an einer Partnerschaft (mehr) hätten. Erst die Ungebundenheit, das Leben ohne Partnerschaft, ermöglicht die von der Wirtschaft geforderte berufliche Mobilität und Flexibilität, die zum beruflichen Fortkommen notwendig ist. Singles nutzen daher die Möglichkeiten, die sich ihnen beruflich bieten, solange sie keine Rücksicht auf Partner/-in und Familie nehmen müssen. Darin liegt insbesondere für Frauen eine Chance, beruflich weiterzukommen als ihre partnerschaftlich gebundenen Geschlechtsgenossinnen. Sie erreichen im Vergleich bei gleichen Schulabschlüssen höhere berufliche Positionen. Bei Männern verhält es sich differenzierter. Das Leben als Single kann für sie durchaus auch ein Karrierehindernis sein, keine Ehefrau zu haben, die den Rücken für berufliche Aktivitäten »freihält« und emotionale Stabilität garantiert. Es darf aber nicht der Umkehrschluss gezogen werden, dass Frauen und Männer ohne Partnerschaft ihr berufliches Engagement nicht zurückstecken würden, wenn sie eine Partnerschaft und gegebenenfalls eine Familie hätten oder dass ihnen der Beruf über alles ginge.

Es ist eher so, dass gerade unfreiwillige Singles sich durch Engagement im beruflichen Bereich von der leeren Wohnung und dem Fehlen einer Partnerschaft ablenken. Singles betonen die Wichtigkeit der Kontakte, die sich am Arbeitsplatz ergeben. Außerdem bietet die Berufstätigkeit eine wichtige Möglichkeit der Selbstbestätigung, die Singles ja nicht wie andere von einem/r Partner/-in erwarten können. Sie finden vielfach im Berufsleben eine Chance, sich selbst zu verwirklichen.

Singles – Lieblinge der Konsumgesellschaft

Tolles Auto, schöne Reise, Superwohnung, teures Hobby – für Singles kein Problem. Wer kann's sich leisten, wenn nicht die Singles. Das trifft natürlich wiederum nicht auf alle zu. Es gibt auch genügend Singles, die den Pfennig zweimal umdrehen müssen. Das betrifft insbesondere Alleinerziehende, die zu einer der größten von Armut betroffenen Gruppen in Deutschland zählen. Nicht jeder Single schwimmt gleich im großen Reichtum, aber ganz von der Hand zu weisen ist das Klischee der finanziellen Besserstellung nicht. Unter anderem durch das Ergreifen beruflicher Chancen und großes Engagement haben viele Singles einen überdurchschnittlichem Verdienst.

Auf der anderen Seite steht, dass Singles, pro Kopf gerechnet, höhere Ausgaben haben als Familien. Alle Haushaltsgeräte müssen für eine Person angeschafft werden: Waschmaschine, Fernseher, Stereoanlage etc. Ebenso ist es mit dem Auto und den Kosten für die Wohnung. Singles wissen außerdem ein Lied davon zu singen, dass Kleinstportionen im Supermarkt nur unwesentlich billiger sind als Familienpackungen, obwohl sie nur einen Bruchteil von deren Inhalt enthalten. So geben sie pro Kopf doppelt so viel für Lebensmittel aus wie ein Vier-Personen-Haushalt. Auch das Einzelzimmer im Urlaub wird mit ordentlichen Aufschlägen bedacht und Steuerklasse eins ist ja bekanntlich nicht die günstigste Alternative. Bei vielen Singles wird außerdem übersehen, dass sie nicht nur für sich alleine sorgen müssen. Geschiedene und nichteheliche Väter sind oft für Unterhaltsleistungen verantwortlich. Aber selbst wenn diese Belastungen eingerechnet werden, kommt man zu dem Ergebnis, dass Singles hinter Doppelverdienern ohne Kind, von der finanziellen Situation her gesehen, die privilegierteste Gruppe in Deutschland sind.

Das zeigt sich auch in ihrem Konsumverhalten. Singles erwerben häufiger Edelmarken, gönnen sich etwas, verwöhnen sich. Sie stehen daher bei Marktforschung und Werbung hoch im Kurs: Mit diesem Kaffee, jenem Schokoriegel oder der richtigen Margarine kannst du dein Singleleben noch toller genießen. Es werden immer mehr Angebote extra für Singles kreiert: spezielle Reisen, spezielle Stromtarife, spezielle Telefontarife, spezielle Fitnessangebote etc. Sie sind die Hätschelkinder der Konsumgesellschaft, bei denen die Wirtschaft die Kassen noch klingeln hört.

Eine weitere Konsequenz aus ihrer guten finanziellen Situation ist, dass sich viele Singles überdurchschnittlich viel Wohnraum gönnen können. Drei von vier Singles haben mehr als 50 qm für sich allein zur Verfügung, viele geben sich also mit dem klassischen Ein-Zimmer-Appartement nicht mehr zufrieden. Oft legen (insbesondere weibliche) Singles großen Wert auf eine schöne Wohnung und ihre persönliche Ausgestaltung. Die Wohnung hat für viele Singles eine größere Bedeutung als für andere Menschen. Sie ist Rückzugsraum, soll Geborgenheit vermitteln und Wohlgefühl, wenn man allein ist.

Immer mehr Singles möchten allerdings nicht mehr allein leben. Insbesondere die Jüngeren suchen das Zusammensein mit anderen in einer Wohngemeinschaft oder ähnlichen Formen. In Gesprächen mit Singles wird immer wieder die Idee laut, dass es schön wäre, mit vielen Freunden in einem Haus zusammenzuleben. Leider haben bisher erst wenige den Mut gefunden, ihre Wünsche diesbezüglich zu realisieren und erst wenige Architekten haben Wohnraum geschaffen, in dem sich die Idee eines gemeinsamen Hauses mit getrennten Wohnungen, aber ausreichend Gemeinschaftsflächen und Kommunikationsräumen, umsetzen lässt.

Singles und Alltag

Singles gehen mit Leichtigkeit durch den Alltag, sagt uns das Klischee. Organisieren Singles auch den Haushalt mit links? Es ist nicht ganz von der Hand zu weisen: Singles sind die Praktiker/-innen unserer Gesellschaft. Falls Sie Single sind, können Sie sich an dieser Stelle auf die Schulter klopfen. Sie sind den Herausforderungen des täglichen Lebens in überdurchschnittlichem Maße gewachsen und haben mehr alltagspraktische Fertigkeiten als andere. *Grözinger* hat insbesondere bei weiblichen Singles festgestellt, dass sie weit häufiger als ihre liierten Geschlechtsgenossinnen Kompetenz in klassisch männlichen Tätigkeiten, wie handwerklichen Arbeiten, kleineren Reparaturen am Auto, Verwaltung der Finanzen etc., haben. Aber auch Männer zeigen sich patenter als ihre gebundenen Geschlechtsgenossen, wenn es z. B. darum geht, ein leckeres Essen zu zaubern oder die Bügelwäsche zu erledigen. Überdurchschnittlich viele Singlemänner greifen selbst zu Putzlappen und Staubsauger.

Allerdings stehen Singles in vielen Fällen unter der permanenten Doppelbelastung Haushalt und Berufstätigkeit. Trotzdem sehen Singlefrauen dies im Gegensatz zu Frauen in Partnerschaft seltener als Problem an. Etwas schwieriger gestaltet sich die Koordination von Berufsleben und Haushalt für Männer, die die (leider für viele immer noch) ungewohnte Hausarbeit eher als belastend empfinden. Sie nehmen für Alltagstätigkeiten häufiger als Frauen Dienstleister (Restaurant, Bügelservice, Putzfrau) in Anspruch und gegebenenfalls auch das eigene Elternhaus (noch immer beliebt: Wäschewaschen und Nahrungsaufnahme bei Muttern!).

Nur einen Bereich vernachlässigen Singles eindeutig im Alltag: Sie ernähren sich deutlich ungesünder als Nichtsingles. Sie essen unregelmäßig und häufig außer Haus. Dabei sind sie Grenzgänger zwischen Haute-Cuisine und Fastfood. Sie nehmen sich weniger Zeit zur Zubereitung und zum Verzehr ihrer Mahlzeiten. Die vielen Singlekochbücher, die mittlerweile erschienen sind, haben also durchaus ihre Berechtigung und sollten zum guten Vorsatz motivieren.

Wertewelt der Singles

Singles werden oft als die »typischen Menschen unserer Zeit« dargestellt. Ihr Lebensmotto scheint zu sein, dem Leitsatz »Ich will Spaß« zu folgen, sich keine großen Gedanken zu machen und das Heute auszuleben. Diese Vereinfachung der Wertorientierungen von Singles ist nicht zulässig. Empirische Ergebnisse auf Befragungen zeigen aber, was hinter dem Klischee steckt. Singles sind im Vergleich öfter einer *postmaterialistischen Wertehaltung* zuzuordnen als Menschen, die in einer Partnerschaft leben (rund jeder zweite Single, aber nur jeder dritte Nichtsingle kann diesem Typus zugeordnet werden).

Was meint das konkret? Man kann in den letzten 20 Jahren einen Wandel in den Werten feststellen, die für die Menschen in unserer Gesellschaft wichtig sind. (Post-)Moderne Werte wie Individualismus und Selbstverwirklichung, Freiheit und Hedonismus haben gegenüber konservativeren Vorstellungen, wie Fleiß, Gehorsam, Ordnung und Pflichterfüllung, die noch vor ein oder zwei Generationen große Relevanz hatten, deutlich an Stellenwert gewonnen. Die Gesellschaft entwickelt sich, vereinfacht gesagt, von einer traditionellen, konservativen Wertewelt (nach *Inglehard* als materialistische bezeichnet) hin zu einer modernen Wertehaltung (als postmaterialistisch bezeichnet). Dieser Prozess ist noch nicht abgeschlossen und in verschiedenen Bevölkerungsgruppen unterschiedlich weit fortgeschritten. Interviews mit Singles zeigen, dass sie als Vorteile ihrer Lebensform immer wieder persönliche Freiheit und die Chance, sich individuell verwirklichen zu können, nennen. Sie sind in einer Gesellschaft, die sich auf dem Weg zu einer postmaterialistischen Wertewelt befindet, im Durchschnitt schon einen Schritt weiter und zumindest in dieser Hinsicht die moderneren Menschen.

Singles, Freizeit, Freunde

Singles unternehmen viel, sind aktiv und ständig unterwegs. Stimmt diese Vorstellung? Trotz höheren beruflichen Engagements haben Singles im Verhältnis mehr Freizeit. Zwar müssen sie für ihre persönlichen Dinge komplett alleine sorgen, niemand nimmt ihnen Einkäufe, Erledigungen und Telefonate ab. Auf der anderen Seite haben sie keine Verpflichtungen gegenüber dem/r Partner/-in. Sie können ihre Freizeit ungezwungen nach ihren persönlichen Wünschen gestalten. Doch die freie Zeit will gefüllt werden. Sie kann sogar zum Problem werden, insbesondere an Sonn- und Feiertagen, wenn alle anderen »auf Familie machen«, während der Single womöglich ungewollt alleine zu Hause sitzt. Menschen, die mit einem/r Partner/-in zusammenleben, haben automatisch Gesellschaft. Der Single ist darauf angewiesen, dass er seine Freizeit organisiert, Verabredungen trifft und Aktivitäten plant, wenn er sie nicht alleine verbringen möchte. Dies hat aber durchaus positive Konsequenzen. Singles sind im Durchschnitt aktivere Menschen. Statistische Erhebungen belegen, dass sie deutlich mehr als andere in ihrer Freizeit unternehmen zumeist außerhalb der eigenen vier Wände.

Nichtsingles üben dagegen im Vergleich häufiger Hobbys im häuslichen Bereich aus (Heimwerken, Gartenpflege etc.). Aufgrund ihrer günstigen finanziellen Situation können sich Singles kostspielige Freizeitvergnügen leisten, wie Spaßbad, Konzerte, Restaurants, Skiwochenenden, Kurzreisen o.Ä.

Singles sind keine Einzelgänger, sie teilen ihre freie Zeit gerne mit anderen Menschen. Sie suchen Gesellschaft und sind kontaktfreudig. So haben Singles ein größeres soziales Netz außerhalb der Familie als andere Menschen, sie haben mehr Freunde und Bekannte, beurteilen diesen Freundeskreis als wichtig (75 % der Singles geben an »Freundeskreis sehr wichtig« vs. 60 % der Nichtsingles) und pflegen die Kontakte intensiver. Freunde sind dabei wichtige Partner für den persönlichen Austausch, menschliche Nähe, aber auch für Freizeitaktivitäten und Alltagsorganisation. Diese Beziehungsnetze stehen in engem Zusammenhang mit der persönlichen Lebenszufriedenheit von Singles. Je stabiler der Freundeskreis ist umso höher auch die Zufriedenheit mit dem Leben als Single.

Nicht unerwähnt bleiben soll aber auch ein kleine Gruppe, die sich als Single völlig zurückzieht. Die Freizeitpartner heißen dann nur noch Fernseher, Computer, Videospiel und in vielen Fällen Alkohol. Dieses Rückzugsverhalten findet sich häufiger bei männlichen Singles und macht es schwer, dass Singleleben wieder zu verlassen, obwohl gerade das ganz dringend gewünscht wird.

So lebt es sich als Single: Chancen und Probleme

Für jeden Menschen – Single oder nicht – ist es sinnvoll, sich immer wieder die Zeit zu nehmen, um sich mit dem eigenen Leben auseinander zu setzen. Doch was bringt es mir, mich mit den schönen und schlechten Seiten meines Lebens zu beschäftigen? Wenn ich fatalistisch denke, lautet die Antwort: eigentlich nichts, es ist eben so. Halte ich dagegen mein Leben für veränderbar und gehe ich davon aus, dass ich meines Glückes Schmied bin, muss die Antwort lauten: Es ist eine Chance, mein Leben zufrieden stellender zu gestalten. Jede Lebensform hat ihre Potentiale, die es zu entdecken und zu nutzen gilt.

Lebt es sich als Single gut?

Das letzte Kapitel hat einige Aspekte des »typischen« Singlelebens dargestellt. Lassen diese das Singleleben besonders attraktiv erscheinen oder ist es als Lebensform eher nicht erstrebenswert? In den Medien ist die Bewertung klar: Single zu sein, ist besonders toll und die große Freiheit schlechthin. Das Dasein als Single scheint etwas Besonderes, weil diejenigen, die so leben, einen Lebensstil gefunden haben, der sich von der grauen Masse des Normalen abhebt. Demgegenüber steht aber, dass viele Menschen sich nicht vorstellen können, was »an einem Leben so ganz allein« attraktiv ist. Das erscheint ihnen nicht wünschenswert, vor allem mit Einsamkeit und Langeweile behaftet, und lässt Singles bedauernswert erscheinen.

Entscheidend ist aber nicht, wie andere das Singleleben bewerten, sondern wie Singles selbst urteilen. Fragt man den durchschnittlichen Single, ob er gerne so lebt, erhält man in vielen Fällen Antworten wie »ja, ist schon okay«, »man lebt halt so«, »naja, ist nicht zu ändern, aber es gibt Schlimmeres«. Aus solchen Worten spricht keine Ablehnung, aber auch keine überschwängliche Begeisterung für die eigene Lebensform. Die Ambivalenz gegenüber dem Singleleben bzw. oft eine eher negative Beurteilung ist auch in vielen Single-Seminaren (siehe Seite 52) deutlich geworden. Zu Beginn des Seminars wurden Zweifel geäußert, ob Singlesein denn wirklich eine vollwertige und zufrieden stellende Lebensform sein könnte. Man konnte dem nur wenige positive Aspekte abgewinnen.

Falls Sie Single sind, fragen Sie sich, wie Ihre Antwort ausfällt. Leben Sie gerne als Single oder wären Sie doch ganz froh, wenn Sie ihre Lebensform wechseln könnten?

Im Rahmen wissenschaftlicher Studien antworteten Singles auf die Frage, ob sie glücklich seien zu 70 %, »ja sie seien glücklich« oder »sehr glücklich«. Nur jede/r vierte Befragte schätzte sich als unglücklich ein. Das ist zunächst ein positives Ergebnis, das keinen Anlass zur Sorge um den Gemütszustand der Singles gibt. Vergleicht man es jedoch mit den Ergebnissen derer, die in Partnerschaft leben, wird ein Unterschied deutlich: Hier schätzten sich nur 7 % als »nicht sehr glücklich« ein und mit 91 % ordnet sich ein größerer Teil den Kategorien »glücklich« oder »sehr glücklich« zu. Dabei fällt nicht nur auf, dass sich der absolut höhere Anteil in diesen beiden Kategorien einordnet, sondern auch, dass sich bei den in Partnerschaft Lebenden deutlich mehr Personen der Aussage »sehr glücklich« zuordnen, während bei den Singles die Majorität auf »glücklich« liegt.

Bemerkenswert sind die geschlechtsspezifischen Unterschiede. Männliche Singles bezeichnen sich überdurchschnittlich häufig als »wenig« oder »gar nicht glücklich«. Die Lebenszufriedenheit von Männern, die als Singles leben, liegt deutlich unter der von Frauen. Ergebnisse verschiedener Studien bestätigen, dass Männer sich im Durchschnitt schlechter mit dem Leben als Single arrangieren können. Sie wünschen sich in stärkerem Maße ein Ende dieses Zustandes und suchen es zielstrebiger. Daher leben Männer im Vergleich zu Frauen kürzere Zeiträume als Single und gehen schneller wieder eine Partnerbeziehung ein.

Die rosarote Partnerbrille

Menschen in Partnerschaft äußern eine im Vergleich zu Singles höhere Lebenszufriedenheit. Singles schätzen Pärchen aus ihrer Warte oft ebenfalls als die glücklicheren Menschen ein. Viele gehen sogar noch einen Schritt weiter. Sie neigen dazu, das Leben in Partnerschaft zu idealisieren und prinzipiell als die bessere Lebensform zu bewerten. Für das Leben als Single sehen sie vor allem Nachteile und defizitäre Aspekte. Die schönen Seiten des Lebens dagegen ordnen sie denjenigen zu, die einen Partner oder eine Partnerin haben. Sie finden auch jede Menge Beispiele dafür: Mir bringt keiner das Frühstück ans Bett, ich kann mit niemandem meine Sorgen teilen, mir sagt keiner, wie toll ich bin, meine neue Frisur würdigt keiner, mich überrascht niemand mit Blumen, keiner interessiert sich für mein Hobby…

Diese Beispiele gehen aber von einer idealen Partnerschaft aus; diese ist in der Realität leider nicht immer anzutreffen. Vier von fünf Ehefrauen und Ehemännern sehen ihre Wunschvorstellungen ebenfalls nicht erfüllt, obwohl sie doch in Partnerschaft leben. Es geht nicht darum, Partnerschaft negativ oder als nicht erstrebenswert darzustellen, aber man sollte sie differenziert betrachten. Man darf das, was man sich idealerweise von einer Beziehung erträumt, nicht mit der Realität gleichsetzen. Jede Lebensform hat ihre schönen Seiten, aber auch ihre problematischen Aspekte, die im Singleleben lediglich anders gelagert sind als in einer Partnerschaft.

Auseinandersetzung mit dem Singleleben – was bringt's?

Jeder Mensch hat bewusst oder unbewusst eine Grundeinstellung zu seinem Leben. Es gibt bestimmte Punkte, die nimmt man besonders wahr, sie werden für das Lebensgefühl prägend. Bei Singles sind das oft die defizitären Aspekte. Sie sehen insbesondere, was ihnen fehlt und was sie sich wünschen und weniger, welche Möglichkeiten sie haben.

Es lohnt sich, hin und wieder das eigene Lebensbild zu hinterfragen: Wie lebe ich, an welcher Stelle stehe ich gerade, was gefällt mir, wo soll mein Weg in Zukunft hingehen? Dieses Innehalten beinhaltet Chancen. Chancen herauszufinden, welches positive Potential momentan in meinem Leben steckt und was mich behindert und unglücklich macht. Dieses Bewusstsein eröffnet Möglichkeiten der aktiven Gestaltung des persönlichen Glücks, das Leben nach eigenen Vorstellungen zu führen und nicht vom Leben gelebt zu werden. Positive Möglichkeiten können besser genutzt, problematische Aspekte verändert werden. Wenn ich mir z. B. bewusst mache, dass meine negative Grundstimmung daher kommt, dass ich mit meiner Erwerbstätigkeit unzufrieden bin, kann ich im beruflichen Bereich etwas Neues beginnen; wenn ich merke, dass mich das Verhältnis zu den Eltern einengt, kann ich mir überlegen, wie ich die Beziehung zu ihnen besser gestalte; wenn ich merke, dass meine Träume zu kurz kommen, kann ich ihre Realisation bewusst in mein Leben einplanen ...

Ein erster Schritt dazu ist, zunächst einmal Bilanz zu ziehen und die schönen und weniger schönen Punkte im Leben herauszufinden. In Single-Seminaren tauschen die Teilnehmer/-innen sich über Vor- und Nachteile ihrer Lebensform aus. Die Ergebnisse werden auf Kärtchen niedergeschrieben und anschließend im Plenum vorgestellt.

Falls Sie Single sind, möchte ich Sie zum persönlichen Nachdenken über Ihre Lebensform einladen. Überlegen Sie, was Sie an Ihrem Leben schätzen und was Ihnen weniger gefällt – idealerweise bringen Sie Ihre Gedanken zu Papier.

Die Auflistung auf den folgenden beiden Seiten sind Aussagen aus Gesprächen und Seminaren mit Singles. Vielleicht finden Sie Ihre Überlegungen in den genannten Punkten wieder oder Sie haben beim Lesen festgestellt, dass vieles auch auf Ihr Leben als Single zutrifft, Sie es aber noch nicht bedacht haben.

In der Einschätzung ihrer Lebensform fallen bei Singles zwei Dinge auf:

1. Singles nennen immer wieder ähnliche Aspekte. Nicht in jeder persönlichen Bilanz finden sich alle Punkte wieder, aber insgesamt doch immer wieder die gleichen.
   Wir leben in einer Gesellschaft, die unter der Prämisse der

Schöne Seiten des Singlelebens

Freiheit

viele Kontakte/ Offenheit für andere

Selbstverantwortung

Unabhängigkeit

Ruhe, wenn ich das möchte

Selbstständigkeit

viel Zeit für mich

Aktivität

finanziell bin ich von niemandem abhängig

beruflich bin ich flexibel

Mir redet keiner rein!

keine faulen Kompromisse

ich kann leben, wie ich will

Spontaneität

ich muss weniger Erwartungen erfüllen

konfliktfreier leben

spannender

niemanden stören meine Eigenheiten

weniger Stress mit der Hausarbeit

mehr Zeit für Freunde

Individualisierung steht. Der Einzelne lebt sein Leben ganz nach seinen eigenen Vorstellungen. Dadurch hat es den Anschein, dass auch alle Probleme ganz individuell begründet sind, durch die gewählte Art der Lebensführung selbst herbeigeführt wurden. Das ist aber nicht zutreffend. Der Einzelne lebt, trotz aller Wahlfreiheit, in einer Lebensform mit bestimmten Strukturen und Rahmenbedingungen. Aus diesen Strukturen ergeben sich für das Individuum Probleme und Chancen, die eben nicht individuell, sondern durch die Struktur begründet sind. Daher haben Menschen, die unter denselben Bedingungen leben (z.B. als Single, als Familie, als Arbeitsloser, als Ausländer, etc.) auch ähnliche Problemlagen. Viele Singles denken: »Nur ich habe Schwierigkeiten, bin nicht in der Lage, mein Leben gut zu gestalten, andere scheinen das ja zu meistern und zufrieden und glücklich zu sein.« Es gibt Problematiken, die zum Singleleben dazugehören und nicht von der individuellen Fähigkeit, das Leben zu gestalten, abhängen. Diese Erkenntnis schafft Solidarität. Es ist entlastend, sich mit anderen Singles auszutauschen und festzustellen, dass sie mit ähnlichen Schwierigkeiten kämpfen.

2. Mit Regelmäßigkeit ergibt sich folgendes Bild, wenn Vor- und Nachteile visualisiert und gegeneinander gestellt werden: Es zeigt sich ein relativ ausgewogenes Verhältnis. Das versetzt Singles oft in Erstaunen, weil ihnen diese Ambivalenz zumeist nicht bewusst war. Sie hatten aus ihrem subjektiven Empfinden heraus zunächst geurteilt, dass die negativen Punkte eindeutig überwiegen würden und sind überrascht, wie viele positive Aspekte ihrer Lebensform abzugewinnen sind. Es ist wichtig, von Zeit zu Zeit nachzudenken und sich die positiven Dinge

Belastende Seiten des Singlelebens

- Einsamkeit
- fühle mich gesellschaftlich nicht akzeptiert
- weniger Möglichkeiten zur Aussprache
- ich muss mich zu allem selbst motivieren und immer Eigenaktivität entwickeln
- unerfüllte Sehnsucht nach Geborgenheit
- höhere Ausgaben
- Angst vor Beziehungsunfähigkeit
- Kinderlosigkeit
- Freud und Leid nicht teilen können
- mangelnde Selbstbestätigung
- keine starke Schulter
- sexuelle Unausgeglichenheit
- zu viel Zeit zum Grübeln
- die leere Wohnung
- niemand braucht mich
- auf Außenkontakte angewiesen
- Gefahr größer, Eigenheiten zu entwickeln/kein Korrektiv
- Angst, ewig Single zu bleiben
- kein emotionaler Rückhalt
- die Feiertage

explizit vor Augen zu führen; sie gehen sonst leicht im Alltag unter. Manchmal erkennt man die Vorzüge erst dann, wenn sie wegfallen und mancher hat den schönen Seiten des Singlelebens schon nachgetrauert.

Wenn Sie die auf den Seiten 53 und 56 genannten Punkte noch einmal durchgehen, dann werden Sie feststellen, dass diese nicht alle die gleiche Relevanz haben; einige sind gewichtiger als andere. Singles selbst haben die folgenden Aspekte als besonders bedeutsam für ihr Leben eingestuft:

- *Selbstständigkeit*
  Die Freude (manchmal auch Last), das Leben in allen Aspekten selbst ausgestalten zu können, ohne dass jemand hineinredet oder bevormundet.

- *Freiheit*
  Man ist niemandem Rechenschaft schuldig und kann tun und lassen, was man möchte, wie man es möchte und wann man es möchte. Das Leben steht in seiner Vielfalt offen.

- *Spontaneität*
  Man kann sich kurzfristig ohne Rücksprache zu Aktivitäten entschließen. Man muss keine Rücksicht nehmen, sondern kann spontan entscheiden.

- *Zeit für Freunde*
  Man hat mehr Raum, mit anderen Zeit zu verbringen. Man muss sich nur mit den Menschen abgeben, die man gern hat und hat in der Regel einen größeren und vielfältigeren Freundeskreis als andere Menschen.

- *Einsamkeit*
  Man kommt nach Hause und niemand ist da, der einen erwartet. Beziehungen sind nicht selbstverständlich. Wenn man nicht auf andere zugeht, bleibt man allein. Wer Freude und Leid teilen möchte, muss den Austausch erst suchen.

- *Nie die Nummer eins sein*
  Man hat das Gefühl, es gibt keinen Menschen, für den man die wichtigste Person im Leben ist. Singles bekommen weniger positive Bestätigung.

- *Sehnsucht nach Zweisamkeit und Zärtlichkeit*
  Es ist keiner da, der einmal spontan in den Arm nimmt und Geborgenheit vermittelt. Man hat keine/n Partner/-in, mit dem/der man die Bedürfnisse nach Zärtlichkeit und Sexualität ausleben kann.

- *Freizeit und Aktivität*
  Man kann als Single aktiv sein, hat Zeit für Unternehmungen und kann die Freizeit freier gestalten als andere. Aber man muss auch organisieren, planen, aktiv sein, wenn man an Wochenenden und Feiertagen nicht alleine in den eigenen vier Wänden sitzen möchte.

- *Unternehmungen alleine*
  Es hat zwangsläufig nicht immer jemand Zeit, eine Unternehmung mitzumachen. Unternehmungen alleine, alleine im Restaurant, im Theater oder beim Spaziergang sind für viele Singles keine besonders erstrebenswerte Freizeitgestaltung.

In vielen der genannten Punkte wird die Ambivalenz deutlich: Sie sind Chance und Problem zugleich. Wenn ich für alles selbst verantwortlich bin und mir niemand reinredet, ist das eine positive Form von Freiheit. Andererseits bedeutet das auch, dass ich alles allein entscheiden muss und damit vielleicht manchmal überfordert bin. Es ist schön, Ruhe zu haben, wenn ich abends nach einem anstrengenden Arbeitstag nach Hause komme. Aber das ganze Wochenende nur Ruhe und keinen Austausch schlägt auf die Stimmung und lässt Einsamkeit aufkommen.

Ideen, als Single gut zu leben

Vor- und Nachteile des Lebens als Single wurden im letzten Kapitel thematisiert. Es gibt schöne Seiten im Leben, die man genießt, es gibt aber auch schwierige, die nur wenig glücklich machen – viele Menschen bleiben in ihren Überlegungen an dieser Stelle stehen. Das ist eine legitime Betrachtungsweise, die jedoch Chancen übersehen lässt. Daher ist es wichtig, einen Schritt weiterzugehen: Wie kann ich mit denjenigen Punkten, die schwierig am Singleleben sind, besser und zufrieden stellender umgehen? In den folgenden Abschnitten möchte ich aufzeigen, welche Möglichkeiten es gibt.

Dabei will ich nicht die Illusion vermitteln, man könnte immer alles zum Besseren verändern, aber man kann vieles erträglicher gestalten. Aber ob man sich auf Problemen ausruht und sie als schicksalsgegeben hinnimmt oder sie angeht, um eine Verbesserung zu erreichen, liegt in der Entscheidung jeder/s Einzelnen.

Für Singles ist es besonders wichtig, dass sie sich mit ihren Problemen auseinander setzen. Jeder kennt das Gefühl, wenn Schwierigkeiten und Probleme überhand nehmen. Man gerät in eine niedergedrückte, depressive Stimmungslage. Der Nichtsingle hat eine/n Partner/-in, der/die diese Stimmungslage mit auffängt und zum »Ausstieg« aus dem Trübsinn verhilft. Beim Single ist dagegen die Gefahr größer, in ein »schwarzes Loch« zu fallen und in negativen Gedanken zu versinken. Um diese Situation zu vermeiden, ist es sinnvoll, sich im Vorhinein damit zu beschäftigen, wo die

Schwierigkeiten im Singleleben liegen: Wie gehe ich mit Einsamkeit um? Wie reagiere ich, wenn ich allein vor einer schwierigen Entscheidung stehe? Was kann ich tun, wenn ich mich unattraktiv und wertlos fühle?

Leider kann ich nicht »die Strategie« schlechthin präsentieren, wie man als Single absolut glücklich lebt. Wäre diese Formel gefunden, wäre ihr/e Entdecker/-in wohl schon reich geworden. Ich möchte auch keine Patentrezepte geben. Es geht vielmehr um konstruktive Ideen und Denkansätze, die Sie in Ihrem Leben umsetzen können, um es nach Ihren Bedürfnissen zu gestalten. Dabei werden insbesondere die Problemlagen in den Blick genommen, die von Singles selbst als die stärkste Belastung beschrieben werden: niedriges Selbstwertgefühl, Einsamkeit, Unternehmungen alleine und die Alleinverantwortung für Entscheidungen.

Positiv denken

Positiv zu denken, ist eine grundsätzliche Haltung dem Leben und der eigenen Person gegenüber, die nicht nur speziell Singles zu einer besseren Lebensführung verhelfen kann, diesen aber vielleicht besonders. Im Mittelpunkt steht die Erkenntnis, dass die meisten Dinge im Leben zwei oder mehr Seiten haben, positive und negative. *Die Betrachtungsweise ist das Entscheidende.* Es liegt immer auch an mir, worauf ich meinen Fokus richte, ob das viel zitierte Glas halb voll oder halb leer ist.

Welche Perspektive will ich einnehmen?
Auf den ersten Blick scheint Ihnen das Singleleben vielleicht nur mäßig attraktiv. Aber je länger Sie nachdenken, desto

mehr positive Seiten werden Sie entdecken. Man kann das eigene Leben bereits dadurch zufrieden stellender gestalten, dass man die Perspektive verändert und sich auf diese schönen Seiten konzentriert. Positiv denken meint dabei nicht »ständig gut drauf sein« oder alles »durch die rosarote Brille sehen«. Es geht vielmehr um die bewusste Entscheidung, welche Haltung, welchen Blickwinkel ich meinem Leben und mir selbst gegenüber einnehme. Man kann sich durch destruktive oder konstruktive Gedanken beeinflussen lassen.

Wie sehe ich mein Leben bisher?

Überlegen Sie, wo sich Ihre Gedanken immer wieder um negative Aspekte drehen und was Sie demgegenüber an Positivem nicht sehen (z. B. »ich bin zu dick contra aber ich habe ein schönes Gesicht«; »ich muss alles selbst organisieren contra ich gestalte mein Leben aktiv«; »ich habe noch keine/n Partner/-in gefunden contra ich habe einen netten Freundeskreis«). Wer als Single mit dem Gedanken durchs Leben geht: »Alle haben eine/n Partner/-in, nur ich nicht, daher ist mein Leben langweilig und unglücklich«, der hat gute Chancen, dass es auch in der beschriebenen Weise verläuft. Er wird sein Singledasein gänzlich anders erleben als jemand der die Einstellung hat: »Ich hätte gerne eine/n Partner/-in, aber jetzt gestalte ich mein Leben erst einmal für mich so interessant wie möglich«.

Das Positive verdeutlichen

Nehmen Sie sich Muße zum Nachdenken und schreiben Sie auf, was Ihnen an ihrem Leben und an Ihnen selbst gefällt und was andere positiv an Ihnen bemerkt haben. Nehmen Sie sich Zeit, diese positiven Vorzüge ins Bewusstsein zu rufen und sich darauf zu besinnen. Das heißt nicht, Fehler oder die

Tatbestände, die Ihr Leben unzufrieden machen, zu verdrängen. Aber die Priorität liegt nicht auf ihnen, sie spielen nur dann eine wichtige Rolle, wenn es darum geht, sie zu verändern.

Aktiv positiv Denken
Üben Sie eine positive Denkweise aktiv ein:

- Sagen Sie sich, dass Sie wertvoll sind und was gut an Ihnen ist.
- Führen Sie sich vor Augen, was in Ihrem Leben schön ist.
- Schmieden Sie Pläne für positive Veränderungen.

Finden Sie persönlich einen Rahmen, in dem Sie sich regelmäßig Zeit nehmen für diese positive Bestätigung. Das können beispielsweise jeden Tag zehn Minuten sein, um sich zu entspannen und die eigenen Stärken bewusst zu machen. Sie können sich ein oder mehrere Karten aufhängen, auf denen Sie ihre starken Seiten und positiven Vorsätze formulieren. Sie können nach dem Aufwachen oder vor dem Einschlafen auf eine Gedankenreise gehen, in der Sie sich die schönen Seiten Ihres Lebens vor Augen führen. Sie können sich jeden Tag eine Sache heraussuchen, die Sie besonders genießen wollen.

Zu diesem Thema gäbe es noch mehr zu sagen. Wer sich ausführlicher dafür interessiert, dem sei das Buch »Positiv Denken« von *Vera Peiffer* empfohlen, in dem viele Beispiele und Übungen vertieften Einblick geben.

Alles nur Selbstbetrug?

Hört sich das für Sie merkwürdig an? – Sich selbst versichern, dass man ganz toll und das eigene Leben schön ist. »Psychokram«, »Die Realität ist anders«, »Ist das nicht ein stückweit Selbstbetrug?«, das sind einige kritische Rückmeldungen, die ich in Seminaren zunächst bekommen habe, wenn ich diese Art des Denkens vorgestellt habe.

Kann es denn überhaupt funktionieren, mir selbst etwas »einzureden«, wenn ich mich anders fühle? Die einfache Antwort ist: Ja, es funktioniert, zwar nicht immer gleich, aber mit Übung immer öfter. Die Erklärung dafür liefert die Psychologie. Sie hängt mit dem Verhältnis von Emotionen und Ratio, also unseren Gefühlen und unserem Verstand zusammen. Beide Bereiche unserer Psyche sind nicht unabhängig voneinander, sie beeinflussen sich wechselseitig. Was wir uns denken, hat Auswirkungen auf das, was wir fühlen. Ein einfaches Beispiel: Wenn wir über einen Menschen, den wir nicht kennen, viel Negatives hören, speichern wir das Gehörte im Bereich unserer Ratio. Das überträgt sich dann auch auf unsere Emotionen. Wenn wir diesen Menschen dann zu Gesicht bekommen, hegen wir erst einmal negative Gefühle gegen ihn. Diese Wechselwirkung besteht auch umgekehrt. Das beste Beispiel dafür sind Verliebte. Die Gefühle sind dann so dominant, dass wir wie der Volksmund sagt »blind vor Liebe sind«. Gedanken, die uns warnen, »sie/er passt nicht zu dir« werden ausgeschaltet, Gefühle bestimmen unsere Überlegungen.

Es gibt nicht »die Realität an sich«, im objektiven Sinn. Realität ist immer auch Ergebnis unserer persönlichen, subjektiven Konstruktion. Diese Konstruktion baue ich mir selbst, indem ich bestimmte Tatbestände in den Vordergrund stelle und andere zurückdränge. Der Mensch kann dabei in gewissem Maße steuern, ob er sich vom Verstand bestimmen lassen oder die Gefühle stärker ausleben möchte. Er kann sich dafür entscheiden, über die Ratio seine Emotion und seine Wahrnehmung zu beeinflussen.

Wer beginnt, positiv zu denken und den Fokus auf die persönlichen Stärken und die seiner Lebensform richtet, verankert das zunächst im Bereich der Ratio. Je öfter das dort verankert wird, desto stärker kommt ein Prozess in Gang, der diese Gedanken in den Bereich der Emotion transportiert. Vereinfacht formuliert, könnte man sagen, dass der Gedanke »vom Kopf zum Herzen rutscht«. Es handelt sich um eine Form der Selbstsuggestion. Mit diesem Phänomen gehen wir ganz selbstverständlich im Alltag um. Man spricht davon »sich etwas schönzureden« und von der »self-fullfilling-prophecy«. Wenn z. B. eine Aufgabe zu erledigen ist und von Anfang an alle Beteiligten davon ausgehen, dass diese nicht zu bewältigen ist und das Vorhaben misslingen wird, dann wird es garantiert nicht klappen. Alle Beteiligten haben sich quasi von Beginn an auf Misserfolg »programmiert«.

Ähnlich läuft auch Fremdsuggestion ab. Wenn einem Menschen ständig vermittelt wird, er sei denkbar tölpelhaft, wird dieser Mensch auch ungeschickt agieren. Wenn man dagegen jemandem etwas zutraut und ihm immer wieder sagt, dass man überzeugt ist, dass er eine bestimmte Herausforderung bewältigt, wird er diese meistern.

Vielleicht sind Sie jetzt immer noch skeptisch. Dann möchte ich Ihnen raten: Probieren Sie es einfach einmal aus! Sie werden nicht gleich eine Veränderung bemerken und Sie werden diese Art zu Denken nicht sofort verinnerlichen. Aber wenn Sie eine Weile konsequent üben, werden Sie merken, dass sich in Ihrer Einstellung etwas zum Positiven verändert. Sie werden sich selbst und ihr Leben in positiverem Licht sehen, sich mehr zutrauen und mehr persönliche Zufriedenheit gewinnen. Positives Denken soll Ihnen das vorhandene positive Potential Ihres Lebens bewusst machen und Sie motivieren, es besser zu nutzen.

»Meine bessere Hälfte bin ich selbst«: Singles und Selbstwertgefühl

Der Mensch ist ein geselliges Wesen und braucht Beziehungen zu seinesgleichen. Ein wichtiger Aspekt dieser Kontakte ist, dass er Zuwendung und Bestätigung bekommt. Selbstbewusstsein und Selbstwertgefühl entwickeln sich nicht nur aus uns selbst heraus, sondern werden wesentlich dadurch geprägt, was uns die Umwelt vermittelt. Lob und Kritik anderer Menschen formen das Bewusstsein des eigenen Ich.

Lebt man in einer Partnerschaft, ist da bereits selbstverständlich eine Person, die Bestätigung, im Idealfall positiver Art, gibt. Selbst in einer problematischen Beziehung besteht Bestätigung zumindest darin, dass man morgens aufwacht und die/der Partner/-in ist noch da: Ich bin als Mensch so wertvoll, dass ein anderer Mensch bei mir bleibt. Auf diese Gewissheit müssen Singles verzichten. Sie finden Anerkennung zumeist durch gute Freunde und im beruflichen Umfeld.

Das Selbstwertgefühl von Singles hat oft durch drei Umstände gelitten:

- Eine zerbrochene Partnerschaft hinterlässt vielfach ein angeknackstes Ego, verstärkt dann, wenn man diejenige/derjenige war, die/der verlassen wurde. Es drängen sich Fragen auf: »Bin ich nicht gut genug?«»Warum hat es nicht geklappt?«, »Hatte ich Schuld am Scheitern der Beziehung?«, »Warum hält es niemand mit mir aus?«...

- Nach einer Trennung empfinden sich viele Menschen erst einmal als »halbiert«. Das Leben muss eine neue Struktur bekommen, bisherige Lebensgewohnheiten müssen umgestellt werden.
- Ist man dann nicht nur kurz, sondern eine längere Lebensphase Single, kommen grundsätzliche Zweifel hinzu: »Warum finde gerade ich niemanden?«, »Bin ich eigentlich liebenswert?«, »Bin ich komisch, dass mich niemand will?«, »Bin ich nicht hübsch genug, zu uncharmant, zu schüchtern, zu langweilig...?« Man zweifelt an der eigenen Attraktivität als Mensch und potentielle/r Partner/-in.

Wenn Sie Single sind, kennen Sie derartige Gedanken vielleicht. Diese sind nicht ständig präsent, tauchen aber immer wieder auf. Im Folgenden stelle ich fünf Überlegungen dar, die für den Aufbau eines positiven Selbstwertgefühls eine wichtige Rolle spielen.

Entschuldigung, ich bin Single

Singles stehen ihrer Lebensform in vielen Fällen wenig selbstbewusst gegenüber. Sie verspüren das Bedürfnis, sich dafür rechtfertigen zu müssen. Sich als Single outen zu müssen, ist vielen immer noch ein klein wenig peinlich. Sie denken, dass die Tatsache, Single zu sein, besonders begründet werden müsste. Andere Menschen könnten denken, dass man mit irgendeinem Defizit behaftet ist, wenn es mit einer Partnerschaft bisher nicht geklappt hat.

Haben Sie schon einmal Paare erlebt, die sich dafür entschuldigen, dass sie in einer Partnerschaft leben? »Ja, Entschuldigung, wir sind miteinander verheiratet, aber nur aus den und den Gründen...« Wohl eher nicht. Und das, obwohl manche Partnerschaft arg begründungsbedürftig erscheint und man sich fragt, aus welchen Gründen Menschen zusammen sind, wenn man sie in der Öffentlichkeit nur streitend oder einander nicht beachtend erlebt.

Das Leben als Single ist nicht mehr der Ausnahmefall, sondern gesellschaftliche Normalität, die viele Menschen als Phase im Lebenslauf selbst erlebt haben oder erleben werden. Inzwischen ist etwa jeder Vierte im Alter zwischen 25 und 50 Jahren Single. *Sie leben als Single in einer gesellschaftlich akzeptierten Lebensform.* Gehen Sie selbstbewusst mit Ihrer Lebensform um und seien Sie stolz darauf, dass Sie Ihr Leben alleine meistern können. Dann werden Sie auch bemerken, dass es genügend Menschen gibt, die Sie um Ihre Freiheit, Ungebundenheit und Spontaneität beneiden.

Mich will niemand

Bei Singles schleicht sich schnell der Gedanke ein, dass niemand sie wirklich will. Viele Singles wünschen sich eine Partnerschaft, aber es findet sich trotz intensiver Suche kein/e passende/r Partner/-in. Irgendwann drängt sich dann die Überlegung auf: Mich will niemand, ich bin nicht attraktiv und sympathisch genug. Das eine Partnerschaft nicht zustande kommt, wird auf persönliche Defizite zurückgeführt. Das trifft aber nicht zu. Gründe dafür, dass Beziehungen nicht zustande kommen, sind eher differierende Vorstellungen von Partnerschaft oder dass trotz Sympathie der zündende Funke nicht überspringt.

Und stimmt es wirklich? Bekommen Sie wirklich niemanden ab? Wenn Sie an Männer oder Frauen aus Ihrem Umfeld denken, wären Sie bereit, jede/n zu nehmen – Hauptsache eine neue Partnerschaft? Das trifft wahrscheinlich nicht zu. Haben Sie nicht auch »Angebote« möglicher Partner/-innen bereits im Ansatz abgewiesen, weil Sie wussten, das ist nicht der/die Richtige?

Das Problem liegt nicht darin, dass Sie nicht attraktiv wären, sondern darin, dass Sie nicht irgendjemanden suchen, sondern jemanden, der Ihnen gefällt und zu Ihnen passt. Die Realität zeigt, dass das leider nicht ganz leicht ist, so einen Menschen zu finden und seine Zeit benötigt. *Es ist nicht so, dass Sie niemanden abbekommen haben, Sie wollen nicht jede/n.*

Nie bin ich die »Nummer eins«

In einer Partnerschaft ist man für den anderen der wichtigste Mensch im Leben. Der Freund oder die Freundin haben dagegen noch andere Freunde und vielleicht eine Partnerbeziehung. Viele Singles haben daher trotz Freundeskreis das Gefühl, für niemanden die »Nummer eins« zu sein.

Aber ist das zutreffend? Zunächst einmal ist es auch in Partnerschaften so, dass nicht immer das Gegenüber an erster Stelle steht, sondern viele andere Dinge wie der Beruf, Hobbys etc. ebenfalls Priorität genießen. Es gilt, sich von dem Anspruch zu lösen, dass man unbedingt ständig für jemanden an erster Stelle stehen muss. Wenn ein Freund oder eine Freundin sich Zeit nimmt, diese Zeit ganz bewusst mit Ihnen verbringt, zeigt sie/er, dass Sie wichtig sind. *Sie sind in diesem Moment ganz die »Nummer eins« für den anderen Menschen.*

Ich bin nur halb

Singles selbst haben das Gefühl – und auch die Gesellschaft vermittelt ihnen dieses Bild – sie seien »nur halb«. Daraus ergibt sich das Bestreben, eine zweite (bessere) Hälfte zu finden. So warten viele Singles darauf, dass da jemand kommt, der sie komplettiert. Erst durch einen zweiten Menschen sind sie vollständig und wertvoll. Aber ist es wirklich nötig, sich über einen anderen Menschen aufzuwerten? Sie sind bereits eine komplette Persönlichkeit mit Schwächen und Stärken. Eine gute Partnerschaft kann Ergänzung sein und helfen, die positiven Eigenschaften der eigenen Person zu fördern. Dagegen kann eine weniger ideale Partnerschaft aber auch dazu beitragen, dass Seiten der Persönlichkeit nicht ausgelebt werden können. Aus Rücksicht auf den Partner werden wichtige Bedürfnisse unterdrückt, im schlechtesten Fall muss man sich regelrecht »verbiegen«. Dann halbiert sich eher die eigene Persönlichkeit durch die/den Partner/-in, als dass eine »zweite Hälfte« hinzukommt. *Eine Beziehung kann eine Bereicherung sein, aber Sie sind bereits vollständig als Person!*

Ich bin nicht so toll

Viele Menschen, Singles im Besonderen, stellen ihr Licht unter den Scheffel – man sieht vor allem die Fehler und Mängel der eigenen Person. Das sollten Sie ändern: Lernen Sie sich lieben. Selbstliebe hat nichts mit Egoismus zu tun, sondern damit, seine positiven Seiten zu kennen und Freundschaft mit den eigenen Fehlern zu schließen. Erkennen Sie sich und erkennen Sie sich an. Denn nur wer sich selbst liebt und mit seiner eigenen Unzulänglichkeit gnädig ist, kann dies auch gegenüber anderen sein und sie wirklich annehmen. Schon die Bibel sieht diesen Zusammenhang deutlich: Du sollst deinen Nächsten lieben wie dich selbst (Mk. 12,31). Leider liegt der Fokus heute oft nur auf dem ersten Teil dieser Aussage, der zweite ist aber die Voraussetzung.

Denken Sie positiv, wenn Sie Ihre Persönlichkeit und Ihren Körper bewerten. Überlegen Sie, in welchen Punkten Sie sich selbst bemängeln. Überprüfen Sie Ihre Körperwahrnehmung, wenn Sie vor dem Spiegel stehen: zu dick, zu große Ohren, zu viele Pickel, starker Glatzenansatz ... Was fällt Ihnen spontan zu Ihrer Persönlichkeit ein: zu langweilig, zu schüchtern, zu vorlaut ...? Stellen Sie den »Mängeln« Pluspunkte gegenüber. Halten Sie Ihre Vorzüge schriftlich fest. Dann können Sie sich diese immer wieder vor Augen führen. Verlagern Sie Ihre Wahrnehmung auf Ihre Stärken, das vermittelt Ihnen Selbstbewusstsein.

Wenn Sie sich als wertvollen und vollständigen Menschen schätzen lernen, stellt sich ein zweiter Effekt ein: Sie strahlen diese positive Selbstwahrnehmung auf andere aus, vermitteln innere Zufriedenheit weiter: *Wer sich selbst etwas wert ist, ist auch anderen etwas wert.* Das ist besonders wichtig, wenn man neue Menschen kennen lernen möchte. Nicht Aussehen oder schicke Kleidung sind die entscheidenden Kriterien, die andere zum Kennenlernen motivieren oder die Lust am Flirten wecken. Studien zeigen, dass über drei Viertel der Befragten sich von positiver Ausstrahlung, Fröhlichkeit und Humor am stärksten angesprochen fühlen. Wenn Sie überlegen, wie Sie selbst auf andere Menschen reagieren, werden Sie feststellen, dass Sie eher auf diejenigen zugehen, die Sie offen anlachen oder freundlich anschauen. Wer zwar wie ein Model aussieht, aber dreinschaut wie ein Miesmuffel, den Eindruck eines wandelnden Krisenherdes erweckt oder den eiskalten Engel gibt, hat schlechtere Karten, Kontakte zu knüpfen.

Ich bin's mir wert

Wenn Sie mit sich zufrieden sind und ein positives Selbstbewusstsein haben, sollten Sie daraus Konsequenzen für ein gelingendes Singleleben ziehen: Nehmen Sie Ihre Bedürfnisse ernst und realisieren Sie ihre Wünsche. Wenn man allein ist, neigt man schnell dazu, sich weniger Mühe zu geben, »weil es ja nur für mich ist«. Warum den Tisch schön decken, wenn kein Besuch erwartet wird, warum sich nett anziehen, sieht ja doch keiner, warum Aufwand mit der Wohnung treiben, man wohnt ja alleine darin?

Machen Sie sich nicht von der Anwesenheit anderer abhängig, sondern fragen Sie, was Ihnen gut tut und was Sie sich gönnen möchten. Das trifft auf die Kleinigkeiten des Alltags ebenso zu wie auf die Umsetzung bedeutenderer Wünsche:

- Gestalten Sie Ihren Alltag schön, machen Sie sich Geschenke, kaufen Sie sich Blumen, trinken Sie einen Cappuchino in Ihrem Lieblingscafé, gönnen Sie sich die neueste Ausgabe der Computerzeitschrift, planen Sie einen Besuch im Dampfbad usw. – Seien Sie sich das wert!
- Überlegen Sie, was Ihr Wohlbefinden steigert: Wollten Sie vielleicht schon immer Ihr Äußeres verändern, melden Sie sich beim Friseur an, machen Sie einen Kurs zur Farb- und Stilberatung, machen Sie regelmäßig Fitnesstraining, legen Sie sich neue Garderobe zu – Seien Sie sich das wert!

- Realisieren Sie Ihre Wünsche. Gibt es eine Sportart, die Sie fasziniert, dann suchen Sie sich einen Sportverein, der diese anbietet. Wollten Sie sich schon immer in einem bestimmten Bereich weiterbilden, erkundigen Sie sich nach Möglichkeiten. Lernen Sie eine Sprache und gönnen Sie sich den tollen Sprachkurs im Ausland. Fangen Sie ein Fernstudium an, das Sie Ihren beruflichen Zielen näher bringt – Seien Sie sich das wert!

Wichtig ist, dass Sie sich Zeit, Mühe und Geld wert sind, damit es Ihnen gut geht und dass Sie nicht denken, »für mich selbst lohnt sich das nicht«. Motivieren Sie sich für den Alltag, belohnen Sie sich und machen Sie sich eine Freude. Befreien Sie sich im Gegenzug von den Dingen, die Ihnen nicht gut tun. Überlegen Sie, was und wer für Ihr Leben Bedeutung hat und lassen Sie sich nicht von Erwartungen anderer gefangen nehmen. *Es ist wichtig, dass es Ihnen gut geht.*

Einsam oder gemeinsam?

Menschen, die in einer Partnerschaft oder mit ihrer Familie zusammenleben, sind quasi automatisch nicht allein. Wenn sie nach Hause kommen, sind da in der Regel ganz selbstverständlich andere Menschen, mit denen sie sich austauschen können. Zwar haben Wissenschaftler herausgefunden, dass das durchschnittliche Paar nur fünf Minuten täglich miteinander kommuniziert, aber selbst auf diesen »Minimalstandard« können Singles zumeist nicht zurückgreifen: Für sie ist nicht immer jemand da, mit dem man Freud und Leid teilen kann, der abends ein Glas Wein mittrinkt oder über die neueste Fernsehserie lästert. Auch bei einem großen und zuverlässigen Freundeskreis tritt zwangsläufig die Situation ein, dass man nur das Besetztzeichen hört, den Anrufbeantworter erreicht oder vor verschlossener Haustür steht.

Man ist allein, vielleicht ist man auch einsam. Das ist für viele Singles ein Thema, mit dem sie immer wieder konfrontiert sind.

Alleinsein und Einsamkeit

Einsamkeit und Alleinsein – zwei Begriffe, die oft synonym verwendet werden, obwohl sie bei weitem nicht das Gleiche meinen.

Alleinsein:
Alleinsein beschreibt zunächst einmal nur die Situation, dass kein anderer da ist. Man muss nicht unbedingt unter dem Alleinsein leiden. Alleinsein kann positiv sein und Chancen beinhalten. Es bietet die Möglichkeit, Muße zu finden, Gedanken und Träumen nachzuhängen. Viele Menschen suchen und planen bewusst Zeiten, in denen sie allein sein können und ihre Ruhe haben. Wer das Alleinsein als Chance und Zeit für sich selbst versteht, kann es ohne Angst vor Einsamkeit genießen.

Menschen, die es nicht gelernt haben, das Alleinsein Gewinn bringend zu gestalten, verfallen oft in hektische Aktivität, um es zu umgehen. Das ist aber nicht immer möglich, denn es gibt immer wieder kurze und längere Phasen im Leben, in denen einem niemand zur Seite steht. Deshalb ist es wichtig, das Alleinsein zu erlernen. Dass ist nicht immer ganz einfach, Psychologen bezeichnen die Fähigkeit, allein sein zu können als »höchste Stufe emotionaler Reife«.

Das Alleinsein zu lernen, hat paradoxerweise viel mit

Partnerschaft zu tun; es stellt eine wichtige Voraussetzung für ihr Gelingen dar. Wer Angst davor hat, steht in viel größerer Gefahr, sich an den/die Partner/-in zu klammern. Im schlechtesten Fall besteht eine Beziehung nicht deshalb, weil sie so zufrieden stellend ist, sondern weil die Partner nicht wissen, wie sie mit dem Alleinleben umgehen sollen.

Auf Dauer können die meisten Menschen allerdings nur schwer völlig allein sein. Kontakt und Austausch mit anderen sind wichtig, um psychisch gesund und glücklich zu sein. Daher sollten sich Phasen des Alleinseins, die ihre Funktion haben, mit Phasen der Gemeinsamkeit mit anderen abwechseln.

Einsamkeit:
Im Unterschied zum Alleinsein sind das jene Zeiten, in denen man das Bedürfnis hat, mit anderen Menschen zusammen zu sein, aber kein Mensch da ist, mit dem man den Wunsch nach Verbundenheit und Geselligkeit ausleben könnte. Einsamkeit geht dabei zwar meistens mit dem Alleinsein einher, aber das ist nicht zwangsläufig. Einsamkeit ist mehr innerer Zustand als Beschreibung einer äußeren Situation. Einsamkeit kann auch in Anwesenheit anderer empfunden werden. Der/die Partner/-in oder gute Freunde sitzen nur einen Stuhl weiter, die gewünschte innere Nähe und Verbundenheit ist aber trotzdem nicht gegeben.

Einsamkeit betrifft nicht nur Singles, wenn diese vielleicht auch öfter. Jeder Mensch durchlebt immer wieder Phasen der Einsamkeit. Während das Alleinsein durchaus chancenreich sein kann, ist Einsamkeit negativ und ungewollt. Für Singles stellt sie ein gewichtiges Problem dar und deshalb ist es notwendig, sich mit ihr auseinander zu setzen.

Es gibt prinzipiell zwei Wege mit Einsamkeit umzugehen:

1. Man kann versuchen, so wenige Situationen wie möglich entstehen zu lassen, in denen Einsamkeit aufkommen könnte. Das heißt, möglichst viele Kontakte und Nähe zu anderen Menschen aufzubauen.
2. Man kann sich bereits im Vorfeld Strategien überlegen, wie man sich verhält, wenn Einsamkeit eintritt.

Zu beiden Möglichkeiten möchte ich einige Ideen geben.

Kontakt suchen

Ich kann Einsamkeit umgehen, indem ich Einsamkeit erst gar nicht entstehen lasse! Die Frage nach einer typischen Situation, in der sie sich einsam fühlen, ist für die meisten Singles leicht zu beantworten: am häufigsten dann, wenn sie alleine zu Hause sind. In der Woche ist dieses Gefühl meist nicht so ausgeprägt, weil man durch die Arbeit eingespannt ist, auch wenn der Abend allein, einsam sein kann. An Feiertagen, am Wochenende oder zur Urlaubszeit, wenn viel Freizeit da ist, die gefüllt werden muss, ist die Gefahr dagegen groß, sich einsam zu fühlen.

Die wirkungsvollste »Strategie«, dem entgegenzutreten, ist, eben nicht allein in der Wohnung zu sitzen. Das kann ich dadurch erreichen, indem aus der leeren Wohnung eine bevölkerte Wohnung wird:

- Viele Singles halten *Haustiere*. Ein Tier hat einen anderen Stellenwert als ein Mensch, aber man hat festgestellt, dass das Zusammensein mit ihm Stress und Sorgen abbaut, beruhigt und das Immunsystem stärkt – das ist doch was. Es ist jemand da, man wird erwartet, man kann für jemanden sorgen, der Zuwendung gibt und sich über

Streicheleinheiten freut (es sei denn, sie halten Fische). Und so manche Beziehung hat sich schon angebahnt, weil man sich immer beim Spaziergang mit Schnuffel oder Bonzo getroffen hat.

- Eine andere Variante ist die *Gründung einer Wohngemeinschaft* oder eines offenen Hauses, das Rückzugsraum ins Private ermöglicht, aber auch ein Zusammenleben mit Menschen, mit denen man sich austauschen, gemeinsam essen etc. kann. Eine Wohnform, die Gemeinschafts- und Kontakträume bietet, wenn man das wünscht. Amerikanische Fernsehserien führen es uns vor: Singles haben eigene Wohnungen, treffen sich aber am Pool oder im Innenhof, um das Neuste auszutauschen und gehen dann gemeinsam in die Stammkneipe. Leider setzen erst wenige Singles diese Vorstellung um. Sei es, weil sie das Risiko scheuen, mit fremden Menschen zusammenzuziehen, sich der WG-Mentalität aus Studientagen entwachsen fühlen oder einfach keinen passenden Wohnraum für ihre Pläne gefunden haben.
- Wer allerdings weder WGs noch Haustiere mag, muss möglichst oft *Freunde einladen*. Oder die andere Strategie einschlagen und selbst nach außen gehen, um Kontakt zu suchen und unter Menschen zu sein.

Meine Einstellung zu neuen Kontakten

In diesem Abschnitt soll es um freundschaftliche Kontakte gehen, also nicht um die Suche nach dem/der Partner/-in fürs Leben (dazu siehe S. 102 ff.). Allerdings je mehr Menschen man kennt, desto größer stehen die Chancen, dass auch der oder die Richtige darunter ist.

Zunächst ist es einmal wichtig, sich bewusst zu sein, dass

neue Freunde leider nicht automatisch auf Knopfdruck vor der Haustür stehen. Freunde zu gewinnen, ist immer ein Stück Arbeit und Überwindung. Es macht anfangs nicht immer nur Spaß, auf neue Menschen zuzugehen, aber es lohnt sich, diese ersten Hürden zu nehmen. Sind sie überwunden, hat man neue Beziehungen geknüpft, die das eigene Leben bereichern.

Um Freundschaften zu schließen, sollte man sich über einige grundsätzliche Punkte klar sein.

- Sie sollten innerlich wie äußerlich Offenheit gegenüber anderen demonstrieren. Bringen sie diese in ihrer Körperhaltung und Mimik ganz bewusst zum Ausdruck (Blickkontakt, sympathisches Lächeln, aufrechter Gang etc.). Wenn Sie sich damit ausführlicher beschäftigen möchten, informieren Sie sich in einem Buch zum Thema Körpersprache.
- Fragen Sie sich, ob Ihnen eine neu geschlossene Freundschaft gut tut und entspricht. Sollte sich herausstellen, dass das nicht so ist, weil sie z. B. das Gefühl haben, der andere/die andere nutzt sie aus, ist nicht wirklich an Ihnen interessiert, geht nicht auf Sie ein etc., verfolgen Sie diese Beziehung nicht weiter. Auch wenn Sie nicht viele Freundschaften und Bekannte haben, sind Sie nicht auf einen neuen Kontakt angewiesen, der für Sie nicht positiv ist.
- Manche Singles sind es leid, dass sie ihre Kontakte immer organisieren müssen. Sie neiden es Paaren, dass diese selbstverständlich menschliche Nähe haben. Das mag zunächst einmal wie ein großer Vorteil aussehen, birgt aber auch die Gefahr, dass sich durch die Selbstverständlichkeit in der Beziehung Routine einschleift. Nur weil

man sich täglich sieht, heißt das noch nicht, dass man sich auch wahrnimmt. Das passiert Ihnen als Single in der Regel nicht. Wenn Sie sich mit jemandem treffen, tun Sie das bewusst. Sie und der/die andere nehmen sich bewusst Zeit füreinander.

- Warnen möchte ich vor der Gefahr, Freundschaften nur danach auszusuchen, ob die/der potentielle Lebenspartner/-in in diesem Freundeskreis dabei sein könnte oder nicht und ob die anderen vielleicht zum Date mit dem/der Traumpartner/-in verhelfen könnten. Das instrumentalisiert Beziehungen und ist nicht fair gegenüber denen, die sich auf die Freundschaft einlassen. Eine Freundschaft sollte nicht als eine andere Art der Kontaktanzeige benutzt werden.
- Eine Angst, die viele Singles haben und die sie von Kontakten zu Paaren abhält, ist das Gefühl, nur das berühmte fünfte Rad am Wagen zu sein. Diese Befürchtung ist aber in der Regel unbegründet. Wenn Paare ihre Zeit zu zweit verbringen wollen, tun sie das auch und suchen sich nicht gerade einen Single als Gesellschaft aus. Es ist vielmehr so, dass viele Paare gern mit Singles zusammen sind und sie oft um ihr freiheitliches und interessantes Leben beneiden.

Wie finde ich konkret Kontakt?

Der eine geht in eine Kneipe, setzt sich, spricht Menschen an und ist nach einer Stunde in eine gesellige und lustige Runde eingebunden. Dem anderen ist diese Vorstellung unangenehm, er mag schon nicht alleine weggehen und sitzt garantiert noch nach fünf Stunden solo da, bevor er völlig frustriert den Heimweg antritt. Wie man Kontakt zu neuen

Menschen bekommt, ist persönlich sehr unterschiedlich. Hilfreich kann es sein, wenn Sie schon eine Vorstellung haben, was für Leute Sie kennen lernen möchten. Dann können sie zielgerichtet überlegen, wo Sie diesen Personenkreis treffen können. Es gibt vielfältige Wege, neue Freundschaften zu schließen. Sie hier alle aufzuzählen, übersteigt den Rahmen dieses Buches. Ich möchte einige Anregungen vorstellen und Sie ermutigen, das ihrem Typ Entsprechende auszuwählen und auszuprobieren.

Wege, um neue Kontakte zu schließen

Gleiche Interessen:
Idealerweise lernt man neue Bekannte über gleiche Interessen kennen. Das können z. B. Hobbys sein, aber auch gleiche Weltanschauungen, religiöse Ansichten oder sportliche Aktivitäten. Dieser Weg des Kennenlernens hat gleich zwei Vorteile: Zum einen ist bereits bei den ersten Begegnungen eine gemeinsame Gesprächsbasis gegeben. Es entstehen nicht peinliche Pausen, sondern man kann sich über das gemeinsame Interesse austauschen. Zweitens muss man sich nicht die ganze Zeit miteinander unterhalten, sondern man hat Beschäftigung durch die gemeinsame Tätigkeit. Wie ich Gleichgesinnte kennen lernen kann, ist je nach Interesse unterschiedlich. Um einem bestimmten Hobby nachzugehen, kann man sich z. B. informieren, ob es entsprechende Angebote bei der Familienbildungsstätte, Volkshochschule etc. gibt, denen man sich anschließen kann. Vielleicht besteht ja am Wohnort auch ein Literaturzirkel, ein Fotokreis, ein Gospelchor, eine Tanzwerkstatt, an dem/der man sich beteiligen kann. Angebote dazu finden sich oft in Stadtmagazinen, Tageszeitungen oder als Aushänge z. B. an der Universität oder

der Stadtbücherei. Städte und Gemeinden haben oft Broschüren oder Internetseiten erstellt, in denen Aktivitäten, Interessengruppen und Vereine thematisch geordnet zusammengestellt sind.

Will man sich im sozialen Bereich engagieren, gibt es in einigen Städten inzwischen Vereine, die ehrenamtliche Tätigkeiten, wie Hausaufgabenhilfe, Nachbarschaftsdienste, Krankenbesuche etc. vermitteln. Die Kirchengemeinde hilft hier in der Regel ebenfalls weiter. Oder arbeiten Sie in einer Naturschutzbewegung mit, treten Sie in eine Partei ein, besuchen Sie den örtlichen Geschichtsverein oder schließen Sie sich einem philosophischen Kreis an ... Auch kirchliche Bildungswerke haben vielfältige Angebote, gerade auch im ländlichen Raum. Suchen Sie Menschen mit gleicher religiöser Anschauung, fragen Sie bei Interesse in ihrer Kirchengemeinde nach Bibelkreisen.

Am einfachsten haben Sie es wahrscheinlich, wenn Sie sportlich interessiert sind. Kennen Sie keinen Sportverein in Ihrer Nähe, schauen Sie im Vereinsregister oder im Telefonbuch nach oder fragen Sie bei Ihrer Stadt/Gemeinde nach. Suchen Sie sich einen Verein, der nach Möglichkeit über die sportliche Betätigung hinaus noch Angebote bereit hält, z. B. einen Stammtisch, gemeinsame Ausflüge o. Ä., bei denen die Möglichkeit besteht, die anderen Mitglieder näher kennen zu lernen. Trendsport »Nummer eins« bei Singles ist übrigens zur Zeit Golf.

Es gibt viele Möglichkeiten, aber was tun, wenn sich gerade Ihr Interessensgebiet im örtlichen Angebot nicht wieder findet? Werden Sie selbst aktiv – vielleicht gibt es andere Menschen, denen es genauso geht. Suchen Sie über eine Zeitungsanzeige oder einen Aushang Gleichgesinnte, die mit Ihnen ins Theater gehen, Wanderungen unternehmen oder Inlineskates fahren. Organisieren Sie Treffen und kümmern Sie sich um deren regelmäßige Fortsetzung.

Singletreffpunkte:
Sie sind nicht der einzige Single, der Kontakt sucht. Anderen Menschen geht es genauso, sie würden ebenfalls gerne ihren Freundeskreis mit netten Menschen vergrößern. Fragen Sie sich, wo Orte sein können, an denen Sie diese Menschen treffen könnten. Das sind z. B. ganz klassisch das Fitnessstudio, die Joggingstrecke, der Supermarkt nach 18 Uhr, der Waschsalon, Vernissagen und Events, große Parties, Wohnungsbesichtigungen, die Hundeausführstrecke etc. Vielleicht ergibt sich hier oder dort ja ein Kontakt, den es sich lohnt, weiterzuverfolgen.

Kontaktanzeige:
Wenn Sie kein Vereinstyp sind, keine speziellen Hobbys haben, aber trotzdem nette Menschen für ganz unspektakuläre Unternehmungen, wie Kino, Spaziergänge oder ein Essen beim Italiener kennen lernen möchten, dann versuchen Sie es mit einer Kontaktanzeige. Keine, mit der Sie den/die Traumpartner/-in fürs Leben suchen, sondern ein Inserat, um neue Freunde für gemeinsame Unternehmungen anzusprechen. Überlegen Sie sich, in welcher Zeitung Sie diese platzieren oder wo Sie diese ans Schwarze Brett pinnen, damit sie auch wirklich die Leute erreichen, die sie kennen lernen möchten. Wenn Sie vermeiden möchten, dass Sie sonderbare Angebote bekommen, geben Sie nicht ihre Telefonnummer an. Ihre Erwartungen sollten Sie jedoch nicht zu hoch stecken. Es kann durchaus sein, dass sich »nur« Menschen melden, bei denen man feststellt: »ganz nett, aber doch nicht die Freunde fürs Leben«. Dann können Sie es unter der Rubrik

»nettes Erlebnis« abbuchen und die zehn Mark für die Kontaktanzeige waren alle Mal besser investiert als in einen Kinobesuch allein. Vielleicht finden Sie aber auch sympathische Menschen, mit denen Sie sich fortan regelmäßig treffen.

Singleclubs:
Freizeittreffs, Mitesszentralen, Netzwerke für Singles, etc. – neue Kontaktmöglichkeiten für Singles schießen wie Pilze aus dem Boden. Sind das seriöse Angebote, gute Gelegenheiten, neue Menschen, die zudem ebenfalls Singles sind, kennen zu lernen?

Ein Pauschalurteil kann hier nicht gegeben werden. Nicht zutreffend ist in der Regel das Vorurteil, da würde man nur merkwürdigen Menschen begegnen, sozusagen eine »Subkultur der Bindungsunfähigen«. Man hat es eher mit »ganz normalen« Leuten zu tun, die ebenfalls einen Weg der gemeinsamen Freizeitgestaltung suchen. Der Vorteil ist, dass die anderen Teilnehmer/-innen sich in einer ähnlichen Lebenssituation befinden und so eine gemeinsame Basis besteht. Und es gibt natürlich auch größere Chancen, eine/n Partner/-in zu finden (sofern Sie das wollen). Sie sollten aber genau hinschauen, ob ein Angebot das Richtige für Sie ist. Klären Sie ab, ob es wirklich um gemeinsame Freizeitgestaltung geht oder um Partnervermittlung. Klären Sie auch ab, ob unter dieser Freizeitgestaltung nicht sexuelle Angebote zu verstehen sind. Fragen Sie nach der Art der angebotenen Aktivitäten, nach der Teilnehmerstruktur, Alter, Verhältnis der Geschlechter, Größe der Gruppen. Und vergessen Sie nicht, sich über Kosten und vertragliche Bindungen zu informieren. Erkundigen Sie sich, ob Sie probehalber teilnehmen können. Dann haben Sie ein erstes Bild, ob ein Angebot für

Sie in Frage kommt. Probieren Sie einfach Verschiedenes aus; wenn es Ihnen nicht gefällt, steht es Ihnen ja jederzeit frei, dort nicht mehr hinzugehen.

Seminare für Singles:
Derartige Seminare werden zumeist von Bildungsstätten (oft im kirchlichen Bereich) und Volkshochschulen angeboten. Da ich solche Seminare selbst durchführe, kann ich berichten, dass diejenigen Singles, die den Mut gefunden haben, sich anzumelden, offene nette Menschen waren und wir ertragreiche und fröhliche Wochenenden miteinander verbracht haben. Sie hätten wahrscheinlich gut in diesen Kreis gepasst. Aber auch bei den angebotenen Seminaren heißt es wieder genau hinschauen. Worum geht es und was wollen Sie – will das Seminar Tipps zur Partnersuche vermitteln, mich zur Auseinandersetzung mit meiner Lebensform anregen oder lerne ich Flirtstrategien durch Videoanalyse meiner Körpersprache. Bei jedem Seminar sollten Sie sich darüber im Klaren sein, dass es um die Beschäftigung mit Ihrer Lebensform geht. Es wird daher persönlicher ablaufen und verlangt mehr Offenheit, als wenn sie ein Seminar zum Thema Umweltschutz besuchen. Das gibt Ihnen aber auch die Möglichkeit, die anderen Teilnehmer/-innen intensiver kennen zu lernen. Nachteil eines Seminars ist, dass es nach ein paar Tagen beendet ist. Sollen bleibende Kontakte entstehen, heißt es Adressen austauschen, Treffpunkte für die Zeit nach dem Seminar ausmachen oder z. B. einen gemeinsamen Stammtisch zu gründen. Fragen Sie vorher nach dem Teilnehmerkreis. Kommen die anderen nicht aus der näheren Umgebung, sondern aus dem gesamten Bundesgebiet, ist das Seminar für die thematische Auseinandersetzung sicher hilfreich, aber weniger geeignet, um bleibende Kontakte zu knüpfen.

Reaktivieren und Ausbauen von Kontakten:
Sie haben und hatten schon eine Vielzahl von Kontakten und Bekanntschaften in Ihrem Leben. Viele hat man irgendwann einmal vernachlässigt. Überlegen Sie, welche Kontakte Sie ausbauen oder wieder aufleben lassen könnten. Das können z. B. alte Schulfreunde sein, die Sie schon immer wieder anrufen wollten, oder die nette Nachbarin oder Arbeitskollegin, die Sie mal einladen wollten ... Setzen Sie den guten Vorsatz in die Tat um. Aus oberflächlichen Bekanntschaften können Freundschaften entstehen. Bestehende Freundschaften sind eine ideale Kontaktbörse, über die man neue Menschen kennen lernen kann. Untersuchungen belegen, dass das einer der häufigsten Wege ist, eine/n Partner/-in zu finden. Sprechen Sie Ihre Freunde darauf an, dass Sie gerne neue Menschen kennen lernen möchten und bitten Sie sie, einmal einen netten Spieleabend oder ein gemütliches Abendessen zu arrangieren. Nutzen Sie das Schneeballsystem, jemand kennt jemanden, der jemanden kennt ...

Der chat im Internet:
Vor einigen Jahren noch undenkbar, gibt es jetzt Kommunikationsmöglichkeiten im Internet zu allen möglichen und unmöglichen Themen in hunderten, tausenden von »Chatrooms«. Da konnten die Singles natürlich nicht außen vor bleiben. Es gibt unüberschaubar viele Kontaktbörsen und Gesprächsangebote für diese Zielgruppe. Daher ist eine differenzierte Stellungnahme nicht möglich. Aber Prinzipielles zum Thema »Kontakte via internet«: Sie sind sicher eine sinnvolle Sache, wenn man ihren Stellenwert klar verorten kann. Ein Kontakt im Internet kann aus verschiedenen Gründen den persönlichen Kontakt zu einem Menschen nicht ersetzen. Er ist in der gegenseitigen Wahrnehmung beschränkt.

Ich weiß nicht, wer sich wirklich auf der anderen Seite des Netzes verbirgt. Einige Menschen nutzen dieses Medium, um sich eine Wunschidentität zu geben, Seiten auszuleben und darzustellen, die ihnen im wirklichen Leben verwehrt bleiben. Das Internet bietet Distanz, man muss sich nicht ganz einlassen, kann nur das von sich zeigen, was man möchte, und bleibt letztendlich auch bei ganz persönlichen Gesprächen anonym. Das Internet ist vielleicht ein stückweit mit der inzwischen fast altmodischen Brieffreundschaft zu vergleichen. Es schafft nette Bekanntschaften, aus denen in einigen Fällen vielleicht sogar Freundschaften entstehen. Es ist auch eine gute Möglichkeit für schüchterne Menschen, die mit direkten Kontakten Probleme haben. Wer sich auf Dauer aber sehr stark auf dieses Medium beschränkt, wird eine Vereinzelung, vielleicht Vereinsamung feststellen, denn es kann die Begegnung mit realen Menschen nicht ersetzen. Die Qualität einer tatsächlichen Begegnung kann durch die virtuelle nicht erreicht werden.

Einsamkeit gehört dazu

In der freien Zeit Gesellschaft mit anderen zu organisieren, ist der aktive Weg, der Einsamkeit entgegenzusteuern. Aber trotz aller Bemühungen, lässt sie sich nicht immer vermeiden. Einsamkeit ist ein selbstverständlicher Bestandteil des Lebens, ob Single oder nicht. Man hatte schon den dritten Anrufbeantworter in der Leitung, Freunde haben andere Pläne, im Fernsehen kommt nix Gescheites, Feiertage oder ein langweiliges Wochenende stehen vor der Tür. Dann ist sie da, die Einsamkeit, oft begleitet von Niedergeschlagenheit und depressiver Verstimmung.

Es ist gut, sich mit dieser Situation befasst zu haben, bevor sie eintritt. Die Auseinandersetzung im Vorfeld nimmt die Angst vor einsamen Momenten. Man sollte sich bewusst sein, dass Einsamkeit ein ganz normaler Gemütszustand ist. Dadurch wird sie zwar nicht erfreulicher, aber man weiß, dass und wie man sie zu bewältigen hat und kann Stimmungsschwankungen besser akzeptieren.

Idealerweise schmiedet man einen persönlichen Notfallplan, der zum Tragen kommt, wenn Einsamkeit und Depression sich ankündigen. Wie dieser aussieht, ist individuell verschieden. Jeder weiß selbst am besten, was ihm gut tut und auf freundlichere Gedanken bringt. Man kann sich Rituale zurechtlegen, wie z. B. einen bestimmten Spaziergang durch eine schöne Gegend, den Besuch in einem netten Kaffeehaus mit Genuss des Lieblingskuchens oder Sie gehen ins örtliche Thermalbad und saunen und sonnen, bis Sie auf andere Gedanken kommen. Das können ein fesselndes Buch oder ein lustiger Videofilm sein. Sie können sich durch ein Geschenk aufheitern und etwas besonders Schönes erstehen, wie Parfum, ein besonderes Kleidungsstück oder eine CD vom ihrem Lieblingsinterpreten. Sie können für sich kochen und den Tisch schön decken.

Neben äußerlichen Wohltaten kann man auch an der inneren Einstellung arbeiten, um die negative Stimmung zu vertreiben. Gehen Sie auf Phantasiereise und rufen sich gute Gefühle ins Bewusstsein, denken sie sich an schöne Orte, freuen sich an vergangenen Ereignissen, die Sie noch einmal nacherleben, schmieden Sie Pläne für die Zukunft, träumen Sie sich in schöne Momente.

Wenn Sie diese Überlegungen schon im Vorfeld planen, können Sie dem nächsten Einsamkeitsschub gelassener entgegensehen. Sie haben etwas in der Hand, das Sie positiv dagegensetzen können. Wenn Sie sich ritualisierte Verhaltensweisen zu Eigen machen, haben Sie eine äußere Struktur, an der Sie festhalten können, wenn das innere Chaos droht.

Man kann aber auch gänzlich anders mit Einsamkeit umgehen. Gerade wenn sich eine depressive Phase ankündigt, wird oft jegliche Motivation im Keim erstickt. Dann hat man keine Lust, sich selbst etwas Gutes zu tun oder irgendwelche Vorsätze einzulösen. Dann kann es richtig sein, sich einfach ein Stück in diese Stimmung hineinfallen zu lassen. Das kann bedeuten, sich im Bett zu verkriechen, sich den ganzen Tag nicht aus dem Schlafanzug zu bewegen oder nur vor dem Fernseher zu gammeln, mit Kartoffelchips und Rotwein. Das ist normal und legitim.

Wichtig sind zwei Dinge: Zum einen ist es ein Alarmsignal, wenn das ständig vorkommt und man jedes Wochenende tieftraurig im Bett verbringt. Dann wird es allerhöchste Zeit zu überlegen, wie man im Leben neue Weichen stellen kann. Zum zweiten sollte man sich vergegenwärtigen, dass man sich in einer momentanen Stimmung befindet, die vorübergeht. Es folgen wieder schönere Momente und nicht der Weltuntergang. Tröstend ist es auch, wenn man für Fälle unaushaltbarer Einsamkeit eine Notfallnummer einer guten Freundin oder eines guten Freundes hat, die man Tag und Nacht anrufen kann. Dass man diese Möglichkeit nicht jede Woche nachts um zwei Uhr nutzen sollte, versteht sich von selbst.

Unternehmungen alleine

Keiner hat Zeit – eigentlich kein Problem, sollte man meinen, dann geht man halt allein ins Kino, ins Schwimmbad oder zum Lieblingsitaliener. Für den wohl größeren Teil der

Singles sind Unternehmungen allein jedoch kein Vergnügen und sie werden gar nicht erst aktiv: alleine im Restaurant sitzen, allein auf einer Party und sich einer kritischen Musterung unterziehen, weil man ohne Partner gekommen ist, allein im Urlaub, wo sich fröhliche Paare an Strand und Hotelbar amüsieren … Allein etwas unternehmen, damit assoziiert man weniger den Spaß am geplanten Vorhaben, als Frustration, dass man niemanden gefunden hat, der Lust und Zeit hat, mitzumachen. Andererseits ist nicht einzusehen, warum man als Single auf Aktivitäten verzichten soll, die Paaren selbstverständlich vergönnt sind.

Zunächst einmal vorweg: Ob eine Unternehmung Freude bereitet oder sich eher langweilig und deprimierend gestaltet, hängt nicht unbedingt davon ab, ob man alleine ist oder mit anderen zusammen etwas geplant hat. In Ihrem Erfahrungsschatz werden Sie sicher Beispiele für Unternehmungen finden, die gerade deshalb misslungen sind, weil andere dabei waren. Das nette Restaurant, in dem die Freundin jeglichen Spaß verdarb, weil sie dauernd am Essen mäkelte, der traumhafte Sonnenuntergang, den die Freunde grölend mit Bierflaschen begleiteten, der Einkaufsbummel, bei dem sich der Freund in den Geschäften langweilte.

Wenn sich keine Begleitung für ein gemeinsames Vorhaben findet, können Sie daraus zwei Konsequenzen ziehen. Entweder deprimiert zu Hause bleiben und den Plan aufgeben. Wenn Sie aber unternehmungslustig sind, bleibt nur die zweite Variante: Sie ziehen alleine los. Aber wie können Sie das so gestalten, dass es Ihnen Spaß macht?

Einstellung zum Solotrip

Ob Ihre Unternehmung zum Vergnügen wird oder nicht, hängt ganz entscheidend von der eigenen Einstellung ab. Sie sollten sich darüber klar sein, dass Sie wirklich etwas alleine unternehmen wollen und sich bewusst vornehmen, alleine Spaß zu haben.

Nichts halbherzig unternehmen:
Gehen Sie eine Unternehmung alleine nicht halbherzig an. Wenn Sie Zweifel haben, denken Sie positiv und überzeugen Sie sich selbst, dass es eine gute Idee ist: Sie wollen jetzt etwas Schönes erleben, Freude an einer Ausstellung, einem netten Nachmittag im Schwimmbad oder einem Restaurantbesuch haben. Wenn Sie bereits von vornherein eine negative Einstellung haben, geben Sie Ihrem Unterfangen wenig Chancen. Wenn Sie z. B. zu einer Party gehen und sich vorher schon sicher sind, dass Sie den ganzen Abend alleine in der Ecke stehen werden oder dass Sie sich beim Spazierengehen alleine langweilen, wird es sicher auch so sein. Dann ist es in der Tat vielleicht besser, Sie bleiben zu Hause.

Freiheit und Spontaneität nutzen:
Verstehen Sie Unternehmungen alleine als Ausdruck Ihrer Freiheit und Spontaneität als Single. In einer Partnerschaft werden Sie wahrscheinlich nicht in diesem Maße die Gelegenheit haben zu tun und zu lassen, was Sie wollen. So wenig Rücksicht brauchen Sie nie wieder nehmen. Ihnen redet niemand rein, dass Sie zu viele Abende weggehen oder zuviel Geld für Ihre Interessen ausgeben. Nutzen Sie Ihre Zeit zu Ihrem Privatvergnügen und für ihre persönliche Entwicklung, fangen Sie Hobbys an, die Spaß machen, planen Sie

Unternehmungen. Nehmen Sie eine fehlende Partnerschaft nicht als Ausrede, um nicht aktiv zu werden.

Offenheit für andere zeigen:
Eine Motivation, etwas alleine zu unternehmen, kann die Hoffnung sein, neuen Menschen zu begegnen. Wenn Sie diese Absicht haben, ist Ihre positive Einstellung doppelt wichtig. Nur wenn Sie Freundlichkeit und eine positive Ausstrahlung an den Tag legen, lächeln und zum Ausdruck bringen, dass Sie Kontakt wünschen, werden andere sich animiert fühlen, Ihre Gesellschaft zu suchen. Wenn Sie sich bereits vom äußeren Ausdruck her in sich selbst verkriechen und den Anschein erwecken, Sie wären am liebsten gar nicht da, wird niemand auf die Idee kommen, Sie könnten ein nettes Gespräch wünschen. Es steht dann eher die Frage im Raum, warum Sie überhaupt erschienen sind, wenn Sie sich auf einer Veranstaltung/Party/im Restaurant etc. offensichtlich derart unwohl fühlen.

Nur wer wagt, gewinnt:
Wenn es Ihnen Mühe macht, etwas alleine zu unternehmen, fragen Sie sich, welche Situationen für Sie ganz konkret problematisch sind. Haben Sie Angst alleine herumzustehen, Angst, dass Sie angesprochen werden und Ihnen kein Gesprächsthema einfällt, Angst, dass sich alle kennen, nur Sie finden keinen Anschluss etc. Wenn Sie wissen, was für Sie unangenehm ist, können Sie etwas dagegen tun. Sie können dann bereits im Vorfeld überlegen, wie Sie reagieren. Wenn Sie z. B. jemand anspricht, haben Sie sich schon zu Hause passende Themen überlegt. Führen Sie sich vor Augen, was Ihnen schlimmstenfalls passieren kann. Wenn Sie gerne kochen, sich alleine zu einem Kochkurs anmelden und feststel-

len, dass Sie nur auf propere Hausfrauen, die von ihren Kindern schwärmen, treffen und das Essen auch nicht schmeckt, gehen Sie halt nicht mehr hin. Wenn sich eine Party wirklich als langweilig herausstellt und Sie keine netten Gesprächspartner/-innen finden, dann gehen Sie halt früher. Was haben Sie zu verlieren? Überlegen Sie sich statt dessen, welchen Gewinn Sie aus Aktivitäten ziehen können.

Niemand starrt Sie an:
Wichtig ist in diesem Zusammenhang, sich den Unterschied zwischen Selbst- und Fremdwahrnehmung vor Augen zu führen. Viele Singles meiden Aktivitäten, weil sie das Gefühl haben, von anderen Leuten beobachtet zu werden, die sie bedauern, weil sie gezwungen sind, alleine etwas zu unternehmen. Das entspringt aber meistens eher der subjektiven Wahrnehmung als den tatsächlichen Gegebenheiten. Als Beleg können Sie Ihr eigenes Verhalten heranziehen. Wenn Sie in Begleitung ins Restaurant, ins Theater oder zu einem Spaziergang aufbrechen, sind Sie nicht ständig damit beschäftigt, sich Gedanken zu machen, warum dieser oder jener allein, zu zweien oder dreien unterwegs ist. Sie halten nicht jeden, der Ihnen solo begegnet, gleich für vereinsamt und bemitleidenswert. Ebenso wenig verbringen andere Menschen ihre Zeit damit, sich Gedanken über Ihre mögliche persönliche Situation zu machen, nur weil Sie etwas alleine unternehmen.

Gestaltung von Unternehmungen:
Wie kann ich eine Unternehmung konkret so gestalten, dass Sie mir Freude bereitet? Betrachten Sie einmal eine typische Situation, die Sie vielleicht schon einmal ähnlich erlebt haben. Freitagabend, die anstrengende Arbeitswoche endlich

vorbei. Sie haben Lust, Essen zu gehen – leider hat niemand Zeit mitzukommen. Sie denken sich, »selbst ist die Frau« oder »der Mann«, »dann gehe ich eben alleine«. Sie wählen ein nettes Lokal, nehmen dort Platz, schauen umher und haben das Gefühl, alle Blicke richten sich auf Sie, weil Sie allein essen gehen müssen. Sie fühlen sich unwohl und es war dann für lange Zeit das letzte Mal, dass Sie allein ausgegangen sind. Demnächst begnügen Sie sich lieber mit Ravioli aus der Dose.

Wie können Sie solche negativen Erfahrungen vermeiden? Bevor Sie starten, sollten Sie genau überlegen, wie eine Aktivität ablaufen muss, damit Sie Ihnen Freude macht und Sie sich wohl fühlen. Fragen Sie sich, bevor Sie neue Dinge ausprobieren, wo Ihre Hemmschwelle liegt, damit Sie sich nicht überfordern. Wenn Sie bisher noch selten etwas alleine unternommen haben und gleich mit einer »schwierigen« Unternehmung beginnen, ist Ihr Unwohlsein vielleicht so groß, dass Sie zukünftig keine weiteren Versuche mehr starten. Sie sollten dann eher mit einer Unternehmung anfangen, die leichter zu bewältigen ist. Ideal als »Anfangsunternehmungen« sind solche, bei denen Sie beschäftigt sind. Dort haben Sie die Chance, unverbindlich auf andere Menschen zuzugehen oder ins Gespräch zu kommen, aber nicht verloren dazustehen, wenn sich keine derartige Möglichkeit ergibt. Das kann zum Beispiel ein Sportfest sein, wo Sie in Aktivitäten eingebunden sind. Sie können mit einer Zeitschrift ins Café gehen und lesen, wenn sich kein Gespräch ergibt. Für einen Theaterbesuch legen Sie sich ein Programmheft zu, in dem Sie in der Pause blättern können. Es bieten sich Veranstaltungen an, bei denen man sich einer Gruppe anschließen kann, eine Führung durch eine Ausstellung oder ein alternativer Stadtrundgang etc.

Testen Sie, wo Ihre persönliche Grenze liegt und gehen Sie dann die »nächstschwierigere« Aufgabe an. Wenn Sie z. B. ein paar Mal alleine im Café waren, wagen Sie einen Restaurantbesuch. Je öfter Sie etwas alleine unternehmen, desto mehr merken Sie, dass Sie Freude an ihren Solounternehmungen gewinnen und sich mehr zutrauen. Irgendwann wird es Ihnen selbstverständlich sein, das zu unternehmen, was Ihnen Spaß macht, egal, ob Sie eine Begleitung finden oder nicht.

Als Single auf Reisen

Einen Nachmittag allein ins Kino zu gehen oder sich nach dem Stadtbummel alleine in ein Café zu setzen, ist die eine Sache, alleine zwei oder drei Wochen zu verreisen, die andere. An den Urlaub hat der Mensch besondere Ansprüche: »Die schönsten Wochen des Jahres« sollen es werden – für Singles oft die problematischsten. Es gibt Singles, die haben das Glück, einen guten Freund oder eine gute Freundin zu haben, mit dem bzw. der sie viele Interessen teilen und immer wieder gemeinsam in den Urlaub fahren. Andere Singles, die keine/n feste/n Reisepartner/-in haben, bleiben lieber zu Hause, um den »Gefahren« des Singleurlaubs zu entgehen: Im Hotel wird man an den »Katzentisch« gesetzt, das teure Einzelzimmer befindet sich zwischen Aufzug und Küche, alle amüsieren sich, nur man selbst findet keinen Anschluss und weiß nicht so recht, etwas mit den kostbaren Urlaubstagen anzufangen. Gerade weil an den Urlaub die Erwartungen hoch sind, ist auch die Gefahr des Missvergnügens besonders hoch.

Wie kann ich als Single einen gelungenen Urlaub verbringen? Zwei Faktoren spielen eine entscheidende Rolle: die richtige Wahl der Urlaubsbegleitung und die Urlaubsart.

Urlaubsbegleitung:
Diese Frage stellt sich nicht, wenn man eine/n feste/n Reisepartner/-in hat oder sich alleine gut erholen kann. Es bleiben diejenigen, auf die weder das eine noch das andere zutrifft. Woher eine Urlaubsbegleitung nehmen, wenn nicht stehlen. Es gibt zwei Möglichkeiten: bereits vor dem Urlaub eine gemeinsame Reise mit jemandem planen oder darauf hoffen, im Urlaub jemanden kennen zu lernen.

Vor dem Urlaub kann man im Freundes- und Bekanntenkreis fragen, ob jemand Zeit und Lust hat, die Urlaubstage gemeinsam zu verbringen. Seien Sie aber nicht verzweifelt auf der Suche, sondern überlegen Sie sorgfältig, wer als Urlaubsbegleitung zu Ihnen passt. Vergleichbare Interessen, gemeinsame Erwartungen und ein ähnlicher Lebensstil wären schon gute Voraussetzungen. Denn auch die besten Freundschaften können auseinander gehen, wenn man sich zwei Wochen mit unterschiedlichen Erwartungen nervt: Der eine steht schon um sechs zur Morgengymnastik bereit, während der andere gerne lange schläft; der eine will nur zur nächsten Fast-Food-Bude, während es für den anderen schon das Nobelrestaurant sein muss. Diese und ähnliche Differenzen stellen Sprengstoff für gelingende Urlaubsfreuden dar. Überlegen Sie deshalb, mit welchen Kompromissen Sie gut leben können. Lassen Sie sich nicht halbherzig auf Dinge ein, die Ihnen letztendlich den Urlaubsgenuß verderben. Dann ist es besser, Sie verreisen alleine.

Das macht auch die Variante, eine/n Urlaubspartner/-in per Anzeige oder Vermittlung zu finden, schwierig. Wenn man mit jemandem, den man kaum kennt, einen gelungenen Urlaub verbringen möchte, erfordert das Sympathie und große Toleranz von beiden Seiten. Im Vorfeld sollte genau abgesprochen werden, was beide vom Urlaub erwarten und welchen Grad an Gemeinsamkeit bzw. Unabhängigkeit sie sich vorstellen.

Urlaubsform:
Wenn sich niemand findet, mit dem man sich den Urlaub gemeinsam vorstellen kann, bleibt nur, alleine zu verreisen, wenn man die Urlaubstage nicht in der heimischen Wohnung verbringen will. Dann sollte man, bevor es losgeht, über die geeignete Reiseform nachdenken. Sie hat großen Einfluss auf die Chancen, Urlaubsbekanntschaften zu schließen.

Eine optimale Form, allein, aber doch nicht einzeln zu verreisen, ist eine *Gruppenreise*. In der Gruppe begegnet man verschiedenen Menschen und die Chance ist gut, jemanden zu finden, der einem sympathisch ist. Man hat zudem den Vorteil, dass andere Singles oft mit der selben Intention an solchen Reisen teilnehmen. Außerdem muss man wenig selbst organisieren, sondern kann sich aufs Genießen konzentrieren. Man sollte sich aber vorher informieren, für welche Zielgruppe eine Reise angeboten wird. Wenn man »falsch« in einer Gruppe ist, kann das Urlaubsvergnügen erheblich beeinträchtigt sein. Der dreißigjährige Single wird sich unter Seniorenpärchen ebenso wenig wohl fühlen wie die bildungsbegeisterte Frau, die mit einem Kegelclub unterwegs ist. Welchen Teilnehmerkreis kann man bei einer Reise mit der Kirchengemeinde, der Volkshochschule, dem Sportveranstalter, dem Alpenverein, etc. erwarten? Besser Sie fragen einmal mehr beim Reiseveranstalter nach, als dass Sie mit enttäuschten Erwartungen aus dem Urlaub zurückkehren. Das gilt auch bei speziellen Reiseangeboten für Singles. Denn Single ist nicht gleich Single. Dahinter können sich sowohl der achtundzwanzigjährige Sportfreak wie auch die fünfundfünfzigjährige Studienrätin verbergen.

Überlegen Sie, was Sie im Urlaub erwarten: Kultur oder Sport, Erholung oder Action … und wählen Sie Ihr Angebot zielgerichtet aus. Ideal ist, wenn Sie ein konkretes Ziel im Urlaub haben, einem Hobby nachgehen oder eine Sprache erlernen möchten. Dann wissen Sie bei Buchung einer Gruppenreise zumindest, dass die Mitreisenden dieses Interesse mit Ihnen teilen. Sie kochen, wandern, malen, reiten oder besichtigen ebenfalls gerne. Kleinere Veranstalter haben spezielle Angebote für verschiedenste Interessengebiete in ihrem Programm. Sie inserieren oft im Kleinanzeigenteil von Lifestyle- oder Stadtmagazinen. Auch das Internet leistet bei der Suche nach einem besonderen Reisewunsch gute Dienste.

Eine Variante, die von Singles häufig in Betracht gezogen wird, ist der Cluburlaub. Die Vielzahl der angebotenen Aktivitäten und Animationen, das persönlichere »DU« ermöglichen einen schnellen Kontakt zu Mitreisenden. Aber auch hier sollten Sie bei der Auswahl genau hinschauen. In den Schulferien werden Clubs wegen des Kinderprogramms gerne von Familien gebucht. Informieren Sie sich, ob der Club grundsätzlich stärker auf Familien oder Einzelreisende ausgerichtet ist. Je teurer der Club, desto älter in der Regel das Publikum.

Auch wer eine *Einzel- oder Pauschalreise* bucht oder einfach losfährt und ein Hotel sucht, muss seine Zeit nicht alleine verbringen Aber Sie müssen mehr Initiative aufbringen, um Kontakte zu knüpfen, die sich bei der Gruppenreise selbstverständlicher ergeben. Man kann organisierte Freizeit- und Sportangebote in Anspruch nehmen oder sich an Ausflügen beteiligen. Lassen Sie sich im Hotel nicht alleine an einen Tisch setzen, sondern mit gleichaltrigen Reisenden. Fragen Sie die Reiseleitung nach Möglichkeiten, vor Ort nette Leute kennen zu lernen. Scheuen Sie sich nicht, andere

Reisende in ein Gespräch über Sonne, Strand und Sehenswürdigkeiten zu verwickeln. Sie meisten Menschen sind im Urlaub gut gelaunt und aufgeschlossen, so dass es nicht allzu schwer fallen dürfte, Anschluss zu finden. Sie haben bessere Chancen, Kontakte zu knüpfen, wenn Sie touristische Urlaubsziele auswählen, »an denen was los ist«, als wenn Sie einen Insidertipp bereisen, an dem sich kaum andere Touristen aufhalten.

Die große Freiheit: Alles allein entscheiden und erledigen

Früher waren viele Dinge im Leben klar vorgegeben und es gab nur einen gangbaren Weg. Manches tat man so, manches tat man anders, manches tat man gar nicht. Das hat sich gewandelt. Heutzutage haben wir eine plurale Gesellschaft und damit steht uns eine große Palette von Möglichkeiten offen; wir können uns den Luxus des Individualismus leisten. Diese Vielfalt der Handlungsmöglichkeiten fängt bei banalen Dingen des Alltags an: welche Eissorte soll ich im Tiefkühlfach wählen, welcher Dübel passt für mein Bild, welche Bank ist die günstigste etc. Und sie setzt sich fort in den bedeutsameren Entscheidungen des Lebens: Soll ich eine Weiterbildung besuchen, die Arbeitsstelle wechseln, soll ich Wohnungseigentum erwerben, in eine andere Stadt ziehen etc.

Diese Vielfalt hat aber auch Schwierigkeiten mit sich gebracht. Die Fülle der Informationen ist für den Einzelnen nicht mehr überschaubar. Wir wissen über immer mehr Dinge immer weniger Bescheid. In fast allen Bereichen ist ein Spezialistentum entstanden. Um Entscheidungen kompetent treffen zu können, ist vielfach Fachwissen und fachlicher Rat erforderlich. Dazu kommt der gestiegene Verantwortungsdruck. Man hat die Wahl und ist damit verantwortlich für das, was man gewählt hat, auch wenn es sich im Nachhinein als offensichtlich falsch herausstellt. Entscheidungen müssen immer sorgfältiger durchdacht werden und sind dadurch nicht leichter geworden.

Singles haben diese Wahlmöglichkeiten in besonderem Maße. Sie müssen weniger Rücksichten nehmen und können allein entscheiden. Sie müssen nicht antizipieren, was ein/e Partner/-in dazu meint, bevor sie sich entschließen, sondern können im Rahmen ihrer Möglichkeiten ihren Bedürfnissen Rechnung tragen.

Die Kehrseite ist, dass damit auch die Last der Entscheidung allein auf ihren Schultern ruht. Diese Freiheit, alles allein entscheiden zu können, bedeutet auch alles allein entscheiden zu müssen. Das kann in manchen Situationen zum Problem werden und überfordern. In Phasen, in denen man stark belastet ist, wäre es schön, jemanden zu haben, der Aufgaben und Entscheidungen abnimmt und sich kümmert. Bei schwierigen Entscheidungen ist es eine Hilfe, die eigenen Überlegungen mit anderen teilen zu können. Menschen, die in einer Partnerschaft leben, können sich mit ihrem Mann oder ihrer Frau bzw. im Kreise der Familie abstimmen und müssen die Verantwortung nicht alleine tragen. Singles haben weniger Möglichkeiten, sich zu entlasten. Gute Freunde kann man nur begrenzt und nicht in derselben Weise wie eine/n Partner/-in in Anspruch nehmen. Sie sind zwar bereit, Rat zu geben und mitzudenken, aber tragen Entscheidungen in der Regel nicht in der Verbindlichkeit mit, wie dies in einer Partnerschaft erwartet werden kann. Man bleibt mit der Verantwortung ein stückweit allein.

Wie kann ich mich als Single entlasten und die Freiheit, Entscheidungen selbstbestimmt treffen zu können, positiv nutzen?

Entscheidungen als Chance verstehen
Auch hier spielt die persönliche Einstellung wieder eine wichtige Rolle. Die Möglichkeit, mein Leben selbstbestimmt zu gestalten, sollte ich mir als Freiraum und Chance vor Augen führen und nicht als Last verstehen. Als Single kann ich mich auf das konzentrieren, was ich möchte. Ich muss weniger Rücksichten nehmen, im Idealfall nimmt sich niemand das Recht heraus, mich in meiner Entscheidung zu bevormunden. Sie können Ihre Interessen und Bedürfnisse optimal umsetzen. Sie können sich für unnütze Dinge entscheiden und ganz nach ihrem Geschmack handeln, ohne sich rechtfertigen zu müssen. Stundenlange Begründungen, das Aushandeln von Kompromissen oder gar Streit darüber, was angeschafft werden soll, was getan und geplant werden sollte, wie es in vielen Partnerschaften vorkommt, bleibt Ihnen erspart. Von der Farbe der neuen Couchgarnitur bis zur Planung des nächsten Urlaubes entscheiden Sie selbst.

Keine Angst vor falschen Entscheidungen
Soll ich eine neue Arbeitsstelle annehmen oder nicht? Ist das Urlaubsziel richtig gewählt oder nicht? Soll ich mich zum Kauf der Eigentumswohnung entschließen oder nicht? Entscheidungen, die gut bedacht werden müssen. Trotz aller Überlegungen weiß man im Vorfeld nicht hundertprozentig, ob man sich richtig entscheidet. Was richtig oder falsch ist, zeigt sich immer erst im Nachhinein.

Treten Sie Entscheidungen selbstbewusst gegenüber und trauen Sie sich zu, das Richtige zu tun. Entscheidungen müssen getroffen werden. Auch wenn Sie versuchen, diese zu umgehen oder zu verdrängen, treffen Sie bereits eine Entscheidung. Wenn Sie sich entschieden haben, stehen Sie zu Ihrem Entschluss. Im Nachhinein zu hadern oder zu zweifeln, ob die andere Alternative nicht die bessere gewesen wäre, bringt kein Ergebnis. Sollten Sie sich einmal offensichtlich falsch entschieden haben, gehen Sie nicht zu hart mit sich ins Gericht. Falsch getroffene Entscheidungen kommen im Leben eines jeden Menschen vor. Sie sind zwar ärgerlich, aber in den meisten Fällen revidierbar und nicht so dramatisch wie sie zunächst scheinen. Man kann sie immer noch unter dem Kapitel »Erfahrungen« abbuchen und aus jedem schlechten Beispiel zumindest eine Lehre ziehen. Falsche Entscheidungen kann man ändern, aber ohne Entscheidungen kann man nichts im Leben bewegen. Mit jeder eigenen richtigen Entscheidung wird man selbstbewusster und traut sich mehr zu. Selbstbestimmte Lebensgestaltung erfordert Entscheidungen, sonst wird man gelebt.

Fachwissen einholen

Mit mancher Entscheidung ist man überfordert, weil man sich nicht auskennt, weil man die Tragweite nicht abschätzen kann. Dann sollte man sich Entlastung schaffen, indem man Menschen mit Fachwissen in Anspruch nimmt.

Das können Freunde oder Bekannte sein, denen Sie größeres Wissen oder kompetenten Rat zutrauen. Wer kennt sich mit der Steuererklärung aus, wer kann Regale aufbauen oder bei der Reparatur des Autos behilflich sein? Wer wäre bereit, selbst einzuspringen oder hat nützliche Tipps, wohin man sich wenden kann? Auf diesem Weg kann man übrigens auch nette Bekanntschaften vertiefen, wenn man sich für Gefälligkeiten z. B. mit einem Essen revanchiert.

Wenn Sie niemanden kennen, den Sie um Rat fragen können, machen Sie sich selbst zum/r Fachmann/-frau. Es gibt Ratgeber in Buchform zu jedem möglichen und unmöglichen Thema. Das Internet bietet eine Vielzahl von Beiträgen oder Adressen, die man anfragen kann. Sie können die notwendigen Kenntnisse in Kursen und Seminaren erwerben (Autoreparieren für Frauen, Steuerrecht, Heimwerken etc.).

Oder nutzen Sie die vielen professionellen Service- und Dienstleistungsangebote. Man kann eine Firma beauftragen, beim Studentenservice nachfragen etc. Dem finanziellen Aufwand stehen Ihre Entlastung sowie die stressfreie und fachlich kompetente Ausführung von Aufgaben gegenüber.

Wollen Singles keine Partnerschaft?

Gespräche mit Singles laufen immer wieder auf einen zentralen Punkt zu: Wie sieht die Zukunft aus – oder um genauer zu sein, wie sieht die Zukunft im Hinblick auf eine Partnerschaft aus? Auch wenn mancher Single die Frage, wie es mit einer Partnerschaft aussieht, die wohlmeinenden Hinweise und Vermittlungs- und Verkupplungsversuche aus dem Freundes- und Verwandtenkreis nicht mehr hören kann, ist das Thema Partnersuche ein zentrales Thema für die meisten. Obwohl sie keine/n Partner/-in haben, oder wohl gerade deshalb, ist es für Singles zumeist relevanter als andere Lebensfragen. Auch bei einer zufrieden stellenden Ausgestaltung des Lebens als Solist/-in und bei aller Freude, die man mit Freunden und bei Unternehmungen erlebt, bleibt die Partnerfrage für viele Singles ein kritischer Punkt unerfüllter Wünsche. Falls Sie Single sind, denken Sie einmal darüber nach, welchen Raum dieses Thema für Sie einnimmt.

Wie sieht die Zukunft des einzelnen Singles aus? Auf diese Frage kann in diesem Buch keine Antwort gegeben werden. Auch Aussagen über den Durchschnitt bleiben spekulativ, denn es liegen keine genauen Daten vor, wie lange Singles in dieser Lebensform bleiben, und wie oft der »statistische Durchschnittsmensch« im Laufe seines Lebens Phasen als Single durchlebt.

Der magische Blick in die Kristallkugel ist zwar nicht möglich, es gibt aber Vorstellungen, die Singles selbst von ihrer Zukunft haben. Möchten Singles überhaupt (wieder) eine Partnerschaft eingehen – oder finden sie dauerhaft Gefallen am Sololeben? Im Folgenden geht es darum, wie Singles zum Partnerwunsch stehen, welche Vorstellungen sie konkret haben und was man tun kann, um sie real werden zu lassen.

Partnerwunsch ade?

Die meisten Menschen können sich ein Leben ohne Partner nicht oder nur schwerlich vorstellen – schon gar nicht dauerhaft. Das Leben zu zweit hat trotz aller gegenteiligen Behauptungen für die meisten Menschen einen hohen Stellenwert. Wie sehen Singles das? Streben sie eine neue Beziehung an oder sind sie zufrieden, so wie es ist? Man könnte vermuten, dass Singles mit Partnerschaft und Ehe wenig am Hut haben und diesen Lebensformen kritischer als andere gegenüberstehen – sonst wären sie ja keine Singles mehr.

Das stimmt aber nicht. Gestalte ich ein Seminar mit Singles, biete ich zum Abschluss immer mehrere Themen an, um die Interessen der Teilnehmer/-innen zu berücksichtigen. Eine Wahlmöglichkeit ist die Beschäftigung mit den Wünschen und Hoffnungen für die Zukunft mit Partner/-in. Der Großteil der Teilnehmer/-innen (80-90 %) entscheidet sich dafür. Das zeigt, dass der Wunsch, jemanden zu finden, mit dem man gemeinsam durchs Leben gehen kann, besteht. Ergebnisse von Studien belegen dies ebenfalls. Fragt man direkt nach, geben neun von zehn Singles an, dass sie sich eine Partnerschaft wünschen. Vier von fünf Singles sind einer neuen Beziehung gegenüber sogar außerordentlich positiv eingestellt. Der Großteil stellt sich darunter auch nicht den/die Lebensabschnittsgefährten/-in vor, sondern glaubt weiterhin an die große romantische und lebenslange Liebe. Fragt man Singles nach ihrem Verhältnis zur Ehe, beurteilt ein gutes Drittel diese als sehr gute Institution, die Hälfte steht ihr ambivalent gegenüber, kann ihr also positive und negative Seiten abgewinnen. Also keine Spur von Bindungsmüdigkeit, sondern eher Wunsch und Bestreben, traditionelle Lebensformen ebenfalls zu verwirklichen.

Die Singles, die aus verschiedenen Gründen (Freiheit, Selbstbestimmung, schlechte Erfahrungen etc.) dauerhaft keine Beziehung möchten und im Singlesein ihre ideale Lebensform gefunden haben, bilden die Ausnahme. Nur etwa jede/r Zehnte hat diese Einstellung.

Als Konsequenz ergibt sich, dass immer mehr Menschen Zeit ihres Lebens immer wieder in Partnerbeziehungen leben. Zwar steigt der Anteil derjenigen, die lebenslang unverheiratet sind, gleichzeitig verkleinert sich aber auch die Gruppe derjenigen, die dauerhaft ohne eine feste Partnerbeziehung bleiben. Daraus folgt, dass die allerwenigsten Singles (nur etwa 5 %) ihr Leben lang solo sein werden.

Wichtigkeit des Partnerwunsches

Es gibt Wünsche im Leben, die hat man: einmal sechs Richtige im Lotto, einmal eine Weltreise machen, in die Südsee auswandern, etc. Diese Wünsche tauchen ab und zu auf, bleiben in unseren Träumen, aber spielen bei weitem keine Hauptrolle in der Realität unseres Lebens. Bei anderen Wünschen sieht das anders aus. Sie sind mehr Bedürfnisse als Wünsche und wir können uns ein Leben dauerhaft ohne ihre Umsetzung nicht vorstellen. Sie bestimmen unseren Lebensentwurf mit.

Welche Bedeutung hat der Wunsch nach einer neuen Partnerschaft für Singles? Haben sie die Hoffnung schon aufgegeben und rechnen in absehbarer Zukunft nicht mehr mit dem oder der Richtigen – Ist Partnerschaft für sie eine Traumvorstellung? Oder ist sie ein drängender Wunsch, für den sie alle Hebel in Bewegung setzen, um ihn Realität werden zu lassen?

Man kann keine Aussage für alle Singles treffen, denn die Relevanz des Partnerwunsches ist individuell verschieden. Selbst beim einzelnen Single ist dieser Wunsch nicht immer gleich stark, sondern läuft oft in Phasen ab. Der Wunsch nach einer Beziehung mag besonders ausgeprägt sein, wenn sich im Frühsommer die Pärchen beim Spazierengehen tummeln und mag weniger drängend sein, wenn man durch andere Dinge sehr in Anspruch genommen wird.

Im Umgang mit dem Partnerwunsch lassen sich zwei prinzipielle Muster unterscheiden:

a) Da gibt es diejenigen, die bei allem, was sie tun, denken: »Das ist ja jetzt ganz nett, aber es wäre viel schöner wenn … Der gebuchte Urlaub ist ja ganz gut, richtig toll wäre es aber erst, wenn der/die richtige Mann/Frau dabei wäre … die neue Wohnungseinrichtung ist schon klasse, aber alleine auf dem Sofa zu sitzen, ist doch nicht so richtig zufrieden stellend … auf die Beförderung ist man schon stolz, aber sie ohne Lebensgefährten/-in zu feiern… «. Die Liste ließe sich fortsetzen. Vielleicht finden Sie auch Beispiele aus Ihrem eigenen Leben, die Sie an dieser Stelle einsetzen könnten oder kennen solche Aussagen von Singles aus Ihrem Freundeskreis.

Diese Singles leben in einer Wartestellung. Alles ist auf

den Tag X ausgerichtet, darauf, dass irgendwann die Frau oder der Mann fürs Leben gefunden wird. Dann könnte es endlich richtig losgehen, dann wird das Leben richtig lebenswert. Der Partnerwunsch nimmt bei diesem Typ *die* zentrale Stellung in der Lebensplanung und -gestaltung ein. Alle Aktivitäten werden unter dieser Prämisse gesehen und auf ihre Funktionalität zur Erfüllung dieses Wunsches geprüft: Lohnt es sich, neue Möbel zu kaufen, vielleicht gefallen sie einem zukünftigen Partner ja nicht; kann ich mich zu dieser Fortbildung überhaupt anmelden, wenn ich jemanden kennen lerne, habe ich ja nicht genügend Zeit für ihn; verpflichte ich mich der Fußballmannschaft, dann muss ich jeden Sonntag spielen und das würde einer zukünftigen Freundin sicher nicht gefallen …

Dieses Leben in der Warteschleife hat entscheidende Nachteile. Das Leben zieht an dem, der wartet, zwar nicht gänzlich, aber doch ein stückweit in seiner Fülle vorbei. Es stellt sich die Frage, ob Lebenszeit nicht zu kostbar ist, um sie mit Warten zu verbringen. Vor allem, wenn unbekannt ist, wann und ob das erhoffte Ereignis eintritt. Leicht ist man in der Situation von Becketts Titelhelden, der auf Godot wartet.

Aber denken wir positiv, und statistische Zahlen geben ebenfalls Anlass zu der Hoffnung, dass die Chancen gut sind, dass das gewünschte Ereignis eintritt. Sie lernen einen netten Mann, eine nette Frau kennen und spielen mit dem Gedanken, das könnte ja vielleicht der oder die Richtige für eine Beziehung sein. Nun stellen Sie sich aber vor, Sie treffen auf einen Single in der Warteschleife. Dieser trägt die Erwartung an Sie heran, dass Sie diejenige/derjenige sind, der/die nun den siebten Himmel schaffen, und zukünftig alleinig dafür sorgen soll, dass er/sie nun endlich glücklich wird im Leben. Wahrscheinlich werden Sie sich mit dieser

Aufgabe überfordert fühlen und die zu übernehmende Verantwortung wird Sie wohl eher abschrecken als motivieren, diese Beziehung weiter zu vertiefen.

Der Single, der in der Warteschleife verharrt, hat nur wenig gelernt, das Leben selbstständig schön zu gestalten und als eigenständig wertvoll zu begreifen. Daher steht er in der Gefahr, sich an einen Partner, von dem er sich nun endlich die gewünschte Lebensqualität erhofft, zu klammern. Das ist nicht die ideale Basis für eine gelingende Partnerschaft zwischen zwei eigenständigen Individuen, sondern eher symbiotisch: Der eine kann nicht ohne den anderen. Ich möchte derartige Beziehungen nicht abwerten und ihnen das Gelingen absprechen. Zwei Menschen können damit ein Leben lang glücklich und zufrieden sein. Aber grundsätzlich beinhalten sie größere Gefahren des Scheiterns, insbesondere dann, wenn diese Symbiotik nur von einem Partner ausgeht. Der andere mag es zunächst schmeichelhaft finden, so »lebenswichtig« zu sein. Schnell kann er sich aber eingeengt fühlen und die Flucht aus der Beziehung suchen.

Eine weitere Problematik der Warteschleife und der dahinter stehenden Erwartungshaltung zeigt sich, wenn der Tag X endlich da ist. Der erhoffte Retter oder die Traumprinzessin sind aufgetaucht und lassen sich auf eine Beziehung ein. In vielen Fällen stellt sich dann schnell die Enttäuschung ein, dass das Leben sich durch den/die Partner/-in nicht in der Weise verbessert hat und schöner geworden ist, wie man sich das über Monate oder Jahre erträumte: Der Urlaub zu zweit nervt, weil die Angebetete lieber am Strand liegt, statt gemeinsam das Land zu erkunden; der Partner feiert die hart erarbeitete Beförderung nur missmutig mit, weil er nur schwer damit leben kann, das die eigene Frau erfolgreicher ist als er selbst; auf der Couchgarnitur sitzt man weiterhin alleine, weil der Partner dem Vereinsleben eine höhere Priorität einräumt als der abendlichen Zweisamkeit … Das muss nicht der Fall sein. Aber je höher die Erwartungshaltung ist, je stärker die persönlichen Glücksbedürfnisse und Sehnsüchte in eine zukünftige Partnerschaft projiziert werden, desto größer ist die Gefahr, dass dieser Anspruch nicht eingelöst werden kann.

Singles in Wartestellung sollten sich der Schwierigkeiten bewusst sein, die aus ihrer Haltung erwachsen. Sie sollten überlegen, wieweit sie ihr Leben erst in der Zukunft gestalten und genießen wollen und inwieweit im Hier und Jetzt.

b) Auch bei den Singles, die dem zweiten Typ angehören, besteht der Wunsch, einen Partner oder eine Partnerin zu finden – ebenfalls so bald wie möglich. Ihnen gelingt es aber, ihr Leben auch allein erfüllt zu gestalten. Sie genießen es, tun Dinge, die ihnen Freude machen. Dabei schließen sie nicht aus, dass das Leben durch eine Partnerbeziehung noch ein Stück reicher werden könnte, sie hoffen es sogar. Aber das Leben ohne Partnerbeziehung ist deshalb für sie nicht sinnentleert. Der Partnerwunsch hat eine wichtige Stellung in der Lebensgestaltung, aber nicht die einzige Priorität. Diese Einstellung bringt Vorteile mit sich.

Diese Singles sind bereits jetzt zufrieden mit ihrem Leben. Diese Zufriedenheit strahlen sie aus. Wer mit seinem Leben im Einklang ist, vermittelt seiner Umwelt Zuversicht und Lebensfreude. Damit sind sie attraktiver für potentielle Partner/-innen.

Diese Singles haben es gelernt, in ihrer Lebensform glücklich zu sein und sie als Chance zur Eigenständigkeit und Persönlichkeitsentfaltung zu nutzen. Das gibt ihnen Selbstbewusstsein. Sie können eine neue Partnerschaft freier und ungezwungener angehen in dem Wissen, dass sie auch alleine ein erfülltes Leben führen können, wenn sich die Beziehung als falsch herausstellt. Eine Partnerschaft ist für sie keine Krücke aus Angst vor dem Alleinleben – eine Angst, die viele Menschen in Partnerschaften ausharren lässt, in denen sie schon lange nicht mehr ihr Glück finden.

Singles mit einer derartigen Einstellung zur Partnersuche haben gute Chancen, ihren Wunsch zu realisieren und eine dauerhafte Beziehung aufzubauen.

Warten auf den Traumprinz? – Warum haben Singles keine Partnerschaft?

Die meisten Singles haben den Wunsch nach einer Partnerschaft. Je nach Persönlichkeit ist dieser Wunsch mehr oder weniger wichtig für den eigenen Lebensentwurf, die Dringlichkeit, dass er realisiert wird, ist mehr oder weniger ausgeprägt. Die Frage ist, wenn die meisten Singles den Wunsch nach einer Beziehung haben, warum gehen sie dann keine ein? Singles selbst stehen oft ratlos vor der Frage, warum es ausgerechnet bei ihnen mit der ersehnten Partnerschaft nicht klappen will. Welche Gründe gibt es für die Kluft zwischen Wunsch und Wirklichkeit?

Wenig weiter führt das Nachdenken über persönliche Mängel in Aussehen oder Charakter als Grund für die Partnerlosigkeit. Es gibt nicht den vermuteten Zusammenhang zwischen hübschem Gesicht und Singlequote (siehe auch Seite 39). Diese Überlegungen gehen davon aus, dass Singles niemanden finden. Dem Grund für die Partnerlosigkeit vieler Menschen kommt man eher auf die Spur, wenn man einen anderen Denkansatz wählt: Singles wollen nicht jede/n. Der Wunsch nach dem/der Lebenspartner/-in hat nicht die Konsequenz, dass sie bereit wären, egal wer da kommt, eine Beziehung einzugehen – Hauptsache Partner/-in. Das entscheidende »Hindernis« auf den Weg in eine neue Beziehung ist, dass Singles wählerisch sind.

Wie viel Prozent aller Singles sind dies freiwillig? – eine Frage, die oft gestellt wird. Das ist schwieriger zu beantworten als es zunächst scheint. Ist jemand, der sich von einer nicht mehr tragfähigen Beziehung getrennt hat, ein freiwilliger Single? Ist jemand, der zwar eine/n Partner/-in sucht, aber nicht bereit ist, sich mit dem/der Erstbesten einzulassen, freiwilliger Single? Sind Sie, wenn Sie eine Partnerschaft suchen, überhaupt freiwillig Single? Oft können Singles sich selbst nicht klar zuordnen – ein bisschen freiwillig, ein bisschen unfreiwillig.

Die Frage nach der Freiwilligkeit weist darauf hin, wie Singles überhaupt zu dieser Lebensform gekommen sind. Da gibt es diejenigen, die schon immer allein sind, weil sich bisher keine Partnerschaft gefunden hat. Das ist der kleinere Teil. Der größere Teil ist aufgrund einer eigenen Entscheidung gegen eine bestehende Beziehung Single geworden oder weil sie verlassen wurden. Partnerschaft ist für viele Singles keine unbekannte Größe. Die meisten haben also bereits Beziehungserfahrungen gemacht, ein Drittel war sogar bereits ein- oder mehrmals verheiratet.

Aus diesen Erfahrungen ergibt sich eine persönliche Vorstellung, wie eine Beziehung gestaltet sein sollte. Wobei natürlich auch diejenigen, die immer ungebunden waren, diese Vorstellung haben, sie allerdings noch nicht mit praktischen Erfahrungen hinterlegen konnten. Viele Singles wissen relativ genau, welche Ansprüche sie haben, welche Eigenschaften und Einstellungen bei Partner oder Partnerin akzeptabel und attraktiv sind und welche nicht. Hinsichtlich dieser Ansprüche sind sie nur begrenzt bereit, Kompromisse einzugehen. Singles können es sich heutzutage leisten, genau hinzuschauen, wer sie glücklich macht und wer nicht.

Dies ist zunächst eine positive Entwicklung. Wer weiß, was er will, greift seltener zum Falschen. Es ist eine gute Basis für die Partnerwahl, wenn man eine klare Vorstellung und eine realistische Einschätzung hat, mit welchen Eigenschaften man bei einer/m Partner/-in leben kann und welche nicht tolerierbar sind. Wem Ehrlichkeit ganz wichtig ist, der wird mit einem Partner Probleme bekommen, der ab und zu mal seine kleinen Geheimnisse hat; wer den Rummel liebt, wird auf Dauer nur schwer mit der introvertierten Naturliebhaberin harmonieren … Wer sich die Mühe macht, über seine Ansprüche nachzudenken und sie für sich zu formulieren, begibt sich chancenreicher auf die Suche nach einem Menschen, der auch wirklich passt. Man ist eher vor dem typischen Teenagerfehler »Hauptsache wir lieben uns, alles andere wird sich finden« gefeit. Denn leider hat die Psychologie schon seit langem belegt, dass hinter dieser Weisheit mehr der Wunsch der Vater des Gedankens ist, als dass sie in der Realität Entsprechung finden würde. Daher ist es die bessere Strategie, auch bei heftiger Verliebtheit, die eigenen Vorstellungen klar vor Augen zu haben, die für das eigene Wohlbefinden in einer Partnerschaft unverzichtbar sind. Partnerschaften zweier hinsichtlich ihrer Eigenschaften und Beziehungsvorstellungen nicht harmonierender Partner haben nicht die besten Chancen hinsichtlich eines langen Bestandes. Das kann auch einmal bedeuten, jemanden ziehen zu lassen, auch in der Gefahr, dass man sich hinterher fragt, ob das nicht *die* Chance gewesen wäre. Es heißt nicht umsonst: »Drum prüfe, wer sich (ewig) bindet!«

Doch es ist ein schmaler Grat. Wählerisch zu sein im

Hinblick auf den Menschen, mit dem man sein Leben teilen möchte, ist sicher gut. Die eigenen Erwartungen an eine Partnerschaft zu kennen auch. Wenn diese Ansprüche jedoch in ein unrealistisches Idealbild überhöht werden, wird es problematisch. Es gibt Menschen, die haben ein sehr genaues Bild von dem/der zukünftigen Partner/-in. Das beginnt bei der Haarfarbe, geht über Größe und Gewicht und endet bei den Interessen und Hobbys. Mit einer zu konkreten Vorstellung, die bereits bis in die Details ausformuliert ist, nimmt man sich die Möglichkeit, Menschen offen kennen zu lernen. Entsprechen sie nicht dem selbst auferlegten Raster, haben die falsche Haarfarbe, sind zu dick oder dünn, haben ein zu lautes Lachen, wirken nicht intellektuell genug, werden sie gleich aussortiert. Man lässt sich nur vom ersten Eindruck leiten und macht sich nicht mehr die Mühe, genauer hinzusehen. Wer einen Traumprinz oder eine Traumprinzessin bis in die letzte Kleinigkeit entwirft und idealisiert, steht in der Gefahr, lange mit diesem Bild alleine zu bleiben. Die Psychologen sprechen vom »König-Drosselbart-Phänomen«. Die Prinzessin auf der Erbse hatte genau jenes Problem, dass einige Singles heute haben: Keiner war ihr gut genug – mit dem Resultat, dass sie zum Schluss statt des Märchenprinzen den hässlichen König Drosselbart nehmen musste (auf längere Zeit Single zu sein, war für Prinzessinnen damals nicht schicklich).

Festzuhalten bleibt, dass es eine wichtige Aufgabe für jeden Single ist, sich zu fragen, wie er sich eine Partnerschaft vorstellt und was für ihn unverzichtbare Eigenschaften bei einem/r zukünftigen Partner/-in sind, ohne die das Gelingen einer Beziehung nicht vorstellbar ist. Davon trennen sollte man diejenigen Aspekte, die man sich vielleicht wünscht, die man besonders attraktiv findet, die aber nicht lebenswichtig für eine Beziehung sind. Nehmen Sie sich Zeit, sich Gedanken zu machen und eine persönliche Klärung zu finden. Im Idealfall bringen Sie Ihre Vorstellungen zu Papier. Dann haben Sie, wenn sich eine Beziehung anbahnt und Sie im siebten Himmel schweben, ein gutes Korrektiv zur Hand, mit dem Sie prüfen können, ob Ihr/e Traumpartner/-in dauerhaft ein Traum bleibt oder bald zum Albtraum werden könnte.

Seien Sie es sich wert, Ihre Ansprüche und Wünsche zu verwirklichen. Sie haben es nicht nötig, sich mit dem Zweitbesten zufrieden zu geben. Äußerungen, wie »Wenn du dich so auf deine Vorstellungen kaprizierst, wirst du wahrscheinlich immer allein bleiben«, sollten Sie nicht kümmern. Seien Sie selbstbewusst. Sie wissen, was Sie wollen und Sie müssen sich in einer Partnerschaft wohl fühlen und nicht Ihre wohlmeinende Mutter oder Ihre besorgten Freunde. Seien Sie sich sicher: Die Klarheit über die Vorstellungen von Partner/-in und Partnerschaft ist eine gute Voraussetzung für das Gelingen einer dauerhaften Beziehung.

»Tausend tolle Partnertipps« oder Hürden auf dem Weg in die Beziehung

An der Seitenanzahl, die noch folgt, können Sie schon ersehen, dass ich Ihnen nicht tausend Tipps, wie Sie den Partner bzw. die Partnerin fürs Leben finden, präsentieren kann. Partnerwunsch und Partnersuche nehmen für viele Singles eine wichtige Stellung in ihrem Leben ein. Folgerichtig wäre, sich vor allem damit zu beschäftigen, wie man am besten eine/n Partner/-in findet. Dass dieses Thema hier nur einen im Vergleich geringen Raum einnimmt, hat mehrere Gründe:

- Es wurden schon Bücher gefüllt, die Flirttipps enthalten, In-Zeitschriften präsentieren Strategien zur Partnerfindung, Seminare werden abgehalten, in denen man das eigene Verhalten im Hinblick auf die Erfolgsaussichten bei der Partnersuche schulen lassen kann, etc. Dem habe ich nichts wesentlich Neues hinzuzufügen. Wenn Sie dieses Thema interessiert, möchte ich Sie auf das Literaturverzeichnis verweisen.

- Mir ist es wichtig, mich mit der Lebensform Single zu beschäftigen und nicht damit, wie diese schnellstmöglich zu verlassen ist. Es ist mir wichtig zu betonen, dass das Leben als Single nicht defizitär ist. Das schließt den Wunsch nach einem/r Partner/-in selbstverständlich nicht aus. Eine Partnerschaft ist aber nicht zwingend notwendig, um zufrieden zu leben.

- Der einseitige Fokus auf das Vermitteln von Flirttipps kann auch kontraproduktiv sein. Dann nämlich, wenn man bemüht ist, sich genau nach bestimmten Strategien zu verhalten und dabei die eigene Persönlichkeit nicht mehr zum Tragen kommen lässt. Das wirkt dann eher verkrampft als attraktiv und führt zu Irritation, wenn man dann das »wahre« Gesicht zeigt.

- Die Erfahrung zeigt, dass viele Menschen ihre/n zukünftigen Lebenspartner/-in gerade dann kennen gelernt haben, als sie nicht bewusst auf der Suche waren. Das soll nicht dazu verleiten, sich ins stille Kämmerlein zurückzuziehen und darauf zu warten, dass der/die Zukünftige aus dem Nichts auftaucht. Aber diese Tatsache regt dazu an, den Stellenwert, den die Partnersuche im eigenen Leben einnimmt, zu überdenken.

Im Folgenden möchte ich einige grundsätzliche Aspekte ansprechen, die bedacht sein sollten, wenn man eine Beziehung anstrebt sowie einige Klippen, die es in der Phase des Kennenlernens zu umschiffen gilt.

Die Vergangenheit

Singles sind Menschen mit Vergangenheit. Die meisten Singles haben Beziehungserfahrungen, wenn sie sich auf die Suche nach einer neuen Partnerschaft begeben. Diese Beziehungsvergangenheit hat Einfluss auf zukünftige Vorstellungen, sei es bewusst oder unbewusst. Daher ist es wichtig, sich damit auseinander zu setzen. Man sollte klären, inwieweit man mit dem Vergangenen abgeschlossen hat und damit Kopf und Herz frei sind für eine neue Partnerschaft. Oder ob es da noch Unaufgearbeitetes, Verdrängtes gibt, das den Weg zu einem neuen Glück behindert.

Der Idealfall liegt meiner Einschätzung nach vor, wenn man ohne Hass oder noch bestehende Liebe (wobei rein freundschaftliche Gefühle hier nicht gemeint sind) mit dem/r Ex-Partner/-in innerlich abgeschlossen hat. Dann kann man die vergangene Beziehung differenziert sehen und aus ihr für eine zukünftige Partnerschaft lernen.

Schwieriger ist es, wenn man die gescheiterte Beziehung idealisiert oder verteufelt. Idealisiert man den/die Ex-Partner/-in, stellen sich die tatsächlichen Verhältnisse in der Beziehung im Nachhinein immer besser dar. Das führt leicht dazu, dass man potentielle Partner/-innen mit dem vergangenen vergleicht. Das ist jedoch eine denkbar schlechte Ausgangsposition, die dem/der neuen Partner/-in nicht gerecht wird. Sie gibt ihm/ihr nicht die Chance, individuelle Besonderheiten und Vorzüge zu entfalten. Es geht dann nicht darum, sich neu auf einen Menschen einzulassen, sondern etwas Verlorenes zu ersetzen.

Verteufelt man die vergangene Beziehung, ist das ebenfalls ein deutliches Zeichen, dass man innerlich noch nicht mit ihr abgeschlossen hat. Sowohl Schuldgefühle wie auch Wut gegenüber dem Vergangenen verhindern es, sich auf eine neue Beziehung einzulassen. Vorbehalte aus der Vorgängerbeziehung werden auf die neue Partnerschaft übertragen. Auch für die/den zukünftige/n Partner/-in ist das eine schwierige Situation, denn wer möchte schon gerne für die Fehler der/s Vorgängers/-in büßen?

Sie sollten auch bei einer/m zukünftigen Partner/-in nachhaken, wie es sich mit der Vergangenheit verhält. Insbesondere dann, wenn die gescheiterte Beziehung noch nicht weit zurückliegt. Manche Menschen stürzen sich sofort in die nächste Partnerschaft, vor allem um noch nicht Bewältigtes zu verdrängen. In dieser Situation wird die neue Partnerin bzw. der neue Partner schnell nur zum Zwischenmann oder zur Zwischenfrau.

Ein weiterer wichtiger Aspekt, der persönlicher Klärung bedarf – insbesondere, wenn man immer wieder in Partnerschaften scheitert –, ist die Frage, ob die Beziehungssuche einem Muster folgt. Damit ist gemeint, dass manche Menschen immer wieder aus gleichen Gründen an die/den falsche/n Partner/-in geraten. Hinter ihrer Beziehungssuche stehen Bedürfnisse, die ihnen nicht bewusst sind. Ein klassisches Beispiel sind Frauen, die sich immer wieder mit Männern einlassen, die besonders problematisch, z. B. alkoholkrank, sind. Sie leiden dann sehr unter diesen Partnerschaften, aber das Gefühl gebraucht zu werden, gibt ihnen auf der anderen Seite Befriedigung. Wenn sie sich dieses Musters bewusst wären, gäbe es Möglichkeiten, dieses Bedürfnis auch in anderen

Kontexten auszuleben und nicht immer wieder belastende Beziehungen einzugehen.

Sehnsucht nach Zweisamkeit

Die meisten Menschen haben ein Bedürfnis nach Zweisamkeit und einer Person, die für sie da ist und zu ihnen gehört. Diesen Wunsch können gute Freunde nur teilweise erfüllen. In bestimmten Lebenssituationen kann diese Sehnsucht beherrschend werden. Taucht dann ein/e Partner/-in auf, kann dieser Wunsch dazu führen, sich auf eine Beziehung einzulassen. Diese wird dann aber nicht um des anderen Menschen willen oder aus großer Liebe begonnen, sondern vor allem, um den Wunsch nach Nähe zu befriedigen. Man sollte daher sich selbst gegenüber ehrlich sein und überlegen, ob es wirklich um den anderen als Person geht oder um das eigene Bedürfnis nach Zweisamkeit.

Liebe überbrückt alle Gegensätze?

Romantische Liebesgeschichten in Buch und Film haben einen großen Irrtum im Hinblick auf Partnerschaften verfestigt: dass die Liebe alle Gegensätze und Widrigkeiten überwinden könne. Die Realität sieht leider wesentlich anders aus. Die Widrigkeiten und Gegensätze bleiben, während die Liebe zerbricht.

Es ist richtig, dass Gegensätze sich zunächst anziehen. Die Gegensätzlichkeit ist interessant, es ist spannend, jemanden kennen zu lernen, der andere Ideen und Vorstellungen hat. Es besteht jedoch eine hohe Wahrscheinlichkeit, dass sich diese Spannung auf Dauer abnutzt. Die Gegensätzlichkeit jedoch bleibt bestehen und erfordert von den Partnern viel Rücksichtnahme und Kompromissbereitschaft, wenn sich die Liebe nicht zwischen den Unterschieden zerreiben soll. Das ist nicht unmöglich, aber es erfordert Anstrengung und Bereitschaft beider Partner. Illusorisch ist es zu glauben, Gegensätze würden auf Dauer geringer oder schwierige Umstände (problematische Schwiegereltern, Fernbeziehungen, unterschiedliche Lebensvorstellungen etc.) mit der Zeit weniger belastend. Das Gegenteil ist der Fall. Wenn die Liebe nicht mehr ganz so neu und faszinierend ist, treten solche Aspekte erst recht in den Vordergrund und erweisen sich als Problem.

»Gleich und gleich gesellt sich gern« ist auf Dauer eine solidere Basis für eine Beziehung. Partnerschaften beginnen aus Liebe und werden zunächst hauptsächlich von dieser Liebe und Zuneigung getragen. Es kommen aber Phasen, in denen die Liebe sich einmal etwas abgekühlt. Für den Weiterbestand der Beziehung ist es dann wichtig, dass eine gemeinsame Basis besteht, die darüber hinwegträgt. Dabei sind Respekt, Vertrauen, gegenseitige Achtung und vor allem auch ähnliche Interessen und Vorstellungen wichtige Elemente, die auch in einer gefühlsmäßigen Durststrecke Bestand haben. Haben die Partner dagegen sehr gegensätzliche Vorstellungen, ist die Gefahr größer, dass die Beziehung an diesem Punkt auseinander bricht.

Es liegt mir allerdings fern zu sagen: Wenn nur die richtigen Eigenschaften bei zwei Menschen zusammenkommen, klappt es auch mit einer Beziehung. Liebe ist die unabdingbare Voraussetzung und diese erklärt sich vielleicht zum Teil daraus, dass zwei Menschen in ihren Vorstellungen und Eigenschaften harmonieren, aber eben nur zum Teil. Glücklicherweise bleibt ein für uns unerklärbarer Rest.

Hilfslehrer der Nation

Es ist falsch anzunehmen, in unserer Gesellschaft würden nur Kinder erzogen. In vielen Partnerschaften finden wir ebenfalls fleißige Erzieher/-innen am Werke. Diese sind bemüht, ihre/n Partner/-in zu verändern, um ihn oder sie »partnerschaftstauglich« zu machen. Das ist problematisch für eine Beziehung und zwar aus zwei Gründen:

Zum einen ist es unfair einem Menschen gegenüber, ihn nicht so zu lieben und zu akzeptieren wie er ist. Jeder hat das Recht, in seinen Eigenarten angenommen zu werden. Eine Liebe, die nicht »ja« zu einem anderen Menschen sagt, sondern »ja aber ... ich liebe dich erst so richtig, wenn du so oder so wirst,« halte ich nicht für die tragfähige Basis einer Partnerschaft. Entweder ich kann mich für einen anderen Menschen in seiner ganzen Persönlichkeit entscheiden und ihn lieben wie er ist, oder ich kann es nicht. Dann muss ich feststellen, dass er oder sie eben nicht die oder der Richtige ist.

Zum zweiten funktioniert »die Erziehung« des anderen in der Partnerschaft nur in den seltensten Fällen. Insbesondere, wenn es um grundsätzliche Eigenschaften geht, sollten genetische Vorgaben, Erziehung, Herkunftsfamilie und Biografie in ihrem Einfluss nicht unterschätzt werden. Zwar halte ich Menschen prinzipiell in jedem Lebensalter für veränderungsfähig, es ist aber wichtig, dass eine Veränderung aus eigener Motivation angestrebt wird und nicht deshalb, weil sie aufgedrängt wird.

Wo lerne ich eine/n Partner/-in kennen?

Zunächst einmal kann festgestellt werden, wo man ihn oder sie garantiert nicht kennen lernt: zu Hause vor dem Fernseher. Wer hofft, irgendwann steht der oder die Gesuchte endlich vor der Tür, wird wohl enttäuscht. Was kann man also unternehmen, um jemanden kennen zu lernen, der nach Möglichkeit noch ungebunden ist? Im Supermarkt zu schauen, wer nur die Kleinportionen im Einkaufswagen hat, an der roten Ampel schnell die Telefonnummer austauschen, im Café den allein sitzenden Herrn zum Espresso einladen … diese oder ähnliche Strategien, wie sie vorschlagen werden, sind vor allem für sehr kontaktfreudige Menschen geeignet und für diejenigen, die auf Liebe auf den ersten Blick vertrauen. Für alle anderen ist auf diesem Wege nicht der große Erfolg zu erwarten.

Die Statistik besagt, dass Freundeskreis, Kneipe, Disco, Arbeitsplatz und Urlaub am häufigsten als Kontaktbörse fungieren. Wer die Möglichkeiten der Partnerfindung erhöhen will, sollte viel außer Haus unternehmen und sich um Kontakte bemühen. Wer viele Menschen kennt, hat gute Chancen, über diese wieder andere interessante Personen kennen zu lernen – ein Schneeballeffekt und damit auch eine höhere Wahrscheinlichkeit, dass die Frau oder der Mann des Herzens darunter ist. Man sollte versuchen, den eigenen Freundeskreis von Zeit zu Zeit zu verändern oder zu vergrößern, denn Menschen, die man seit zehn Jahren gut kennt, hat man zumeist schon auf ihre Partnertauglichkeit geprüft. Allerdings ist auch ein »Harry- und Sallyeffekt« nie auszuschließen, bei dem man erst nach einiger Zeit merkt, dass eine gute Freundschaft auch eine gute Basis für eine Liebe ist.

Ideen, wie man neue Menschen kennen lernen kann, sind im Kapitel »Einsam oder Gemeinsam?« beschrieben. Leider gibt es immer weniger Kommunikationsräume, die ungezwungene Begegnungen ermöglichen und damit immer weniger Gelegenheiten, jemanden erst einmal unverbindlich näher kennen zu lernen, bevor man sich auf eine Beziehung einlässt. Wenn Sie einen Partner/-in suchen, ist es daher sinnvoll, Kontaktmöglichkeiten zu wählen, bei denen Sie ihrem Gegenüber mehrmals begegnen (Kurs, Verein, Fitnessstudio, Singletreff...), und nicht gleich nach dem ersten oder zweiten Treffen entschieden sein müssen, ob Sie eine Liebesbeziehung beginnen wollen oder nicht. Lassen Sie sich nicht hetzen, sondern nehmen Sie sich die Zeit, die Sie ganz individuell benötigen, um sich auf eine Partnerbeziehung einzulassen.

Früher hat man es verschämt verschwiegen, heute ist es fast schon selbstverständlich geworden: für die Suche nach einem/r Lebenspartner/-in eine Kontaktanzeige aufzugeben. Es gibt dazu einige Bücher mit Tipps, wie man geschickt formuliert, um die richtige Zielgruppe anzusprechen. Auch hier ist es wieder ein wichtiges Kriterium zu überlegen, wen man ansprechen will und welcher Personenkreis welche Zeitung liest. Man sollte sich aber über eine prinzipielle Vorgabe bei der Suche per Inserat im Klaren sein: Bereits das erste Treffen steht unter der Prämisse: »Will ich mit der/dem anderen eine Beziehung oder nicht?«. Ein ungezwungenes Kennenlernen ist auf diese Weise fast unmöglich. Sie sollten sich nicht unter Druck setzen, einen Kontakt fortführen zu müssen, wenn sie schon gleich wissen, dass Ihr »blind date« nicht der oder die Richtige ist. Wer unbedingt Erfolg erwartet, ist mit einer Anzeige nicht gut beraten. Wer einfach Spaß daran hat zu sehen, wer sich meldet und was sich entwickelt, für den ist es eine sinnvolle Option der Partnersuche.

Der Markt der Partnerinstitute boomt, allein in den neunziger Jahren hat sich ihre Anzahl verdoppelt. Bei dieser Vielfalt – von der christlich-konservativen Vermittlung bis zur Seitensprungagentur – kann man zur Partnersuche per Institut wenig Pauschales sagen. Es besteht aber dieselbe Problematik wie bei der Kontaktanzeige: Ein lockeres Kennenlernen ohne Beziehungsabsicht ist nicht möglich. Auch garantiert die Auswahl des Vermittlers nicht unbedingt den großen Erfolg. Man sollte sich vorher genau erkundigen, ob die Klientel der Agentur den Vorstellungen entspricht, die man selbst von der zukünftigen Partnerin bzw. vom zukünftigen Partner hat. Und man sollte die Seriosität des Anbieters prüfen und sich nicht längerfristig durch kostspielige Verträge binden. Die *Stiftung Warentest* belegt durch eine Untersuchung, dass die Erfolgsaussichten, eine Partnerschaft durch Vermittlung eines Institutes zu schließen, eher gering sind. Persönlich halte ich Singleclubs, in denen man gemeinsam Freizeitaktivitäten unternimmt und sich unverbindlich kennen lernt, für den effektiveren Weg.

Das Wort zum Schluss

»Versingelt unserer Gesellschaft?« – Manch einer malt bereits die düstere Prognose von vereinzelten, allein lebenden, ichbezogenen Menschen mit geringer sozialer Kompetenz aus – eine Gesellschaft von Singles geprägt. Das Bild finde ich ärgerlich.

Zum einen suggeriert es, dass Singles diejenigen wären, die für die Gesellschaft schädlich sind – es geht Gefahr von ihnen aus. Familie sichert den Fortbestand der Gesellschaft, Singles sind für ihren Zerfall verantwortlich. Diese Meinung spiegelt sich auch latent oder offensichtlich in manchen politischen Diskussionen wider. Sie basiert auf der falschen Vorstellung, dass Singlesein viel mit Egoismus zu tun hat. Ich wünsche mir, dass der Singlestatus als eine Lebensform unter vielen Möglichkeiten gesehen wird, die Menschen wählen, manche als kurze oder längere Phase in ihrem Leben, einige auch dauerhaft, einige freiwillig, andere unfreiwillig.

Zum anderen wird der Trend stark überzeichnet. Die Anzahl der Singles ist zwar gestiegen, allerdings nicht in dem Ausmaß, wie oft dargestellt. Tatsache ist, dass viele Partnerschaften keinen lebenslangen Bestand mehr haben. Viele Menschen werden im Laufe ihres Lebens mehrere Partnerbeziehungen durchlaufen. Dazwischen werden immer wieder Phasen als Single liegen. Die Wertschätzung von Partnerschaft und Familie ist aber weiterhin hoch. Der Wunsch, nicht allein zu leben, besteht auch und gerade bei Singles.

Gerade in einer Gesellschaft, die immer stärker durch Anonymität, das Herausgerissenwerden aus Lebenszusammenhängen, die Betonung von Geld und Leistung geprägt ist, wollen und brauchen Menschen Nähe, Kontakt und Verlässlichkeit als Gegengewicht.

Das Finden eines Lebenspartners bzw. einer Lebenspartnerin und die Gestaltung von Partnerschaften sind unter den Bedingungen einer pluralen Gesellschaft nicht einfacher geworden. Es scheitern mehr Beziehungen als früher und sie scheitern offensichtlicher und konsequenter. Das Einlassen auf eine lebenslange Beziehung wird zwar von vielen gewünscht, kann aber oft nicht realisiert werden. Man lebt eine Partnerschaft, solange für beide die Bedingungen stimmen und kann damit umgehen, dass vielleicht später noch weitere Beziehungen folgen werden. Daraus darf aber nicht geschlossen werden, dass die Menschen von heute beziehungsunfähig sind und am liebsten ganz für sich allein leben wollen.

Man sollte die Lebensform Single nicht in Extremen, wie Egoismus oder unbegrenzte Freiheit, Beziehungsunfähigkeit oder grenzenlose Spaßorientierung, denken. Das Leben als Single kann eine Phase sein, die Chancen birgt. Man kann sich persönlich weiterentwickeln und ausprobieren, wie die eigenen Vorstellungen der Lebensgestaltung aussehen. Man lernt Selbstständigkeit und Verantwortung für den eigenen Lebensweg. Diese Möglichkeiten zur Persönlichkeitsentwicklung sind wiederum eine gute Ausgangsbasis für eine gelingende Partnerschaft. Wenn man diese Einstellung gewinnen und umsetzen kann, wird man die Zeit als Single nicht missen wollen, auch wenn man wieder ein Partnerbeziehung eingegangen ist.

Tipps zum Lesen

Es gibt viel Literatur zum Thema Singles: Bücher mit positiven Ideen für das Singleleben, aber leider auch wenig Hilfreiches: Ratgeber, mit banalen Tipps zur Partnerfindung, die Singles aufgrund ihrer vorprogrammierten Erfolglosigkeit meiner Meinung nach eher frustrieren.

An dieser Stelle möchte ich Ihnen kein komplettes Literaturverzeichnis liefern. Ich habe nur einige Bücher angeführt, die ich – ganz subjektiv – für hilfreich und lesenswert halte.

Allgemeines und Wissenschaftliches über Singles

Grözinger, Gerd (Hrsg.): Das Single, Gesellschaftliche Folgen eines Trends; Opladen 1994

Hradil, Stefan: Die »Singlegesellschaft«, Schriftenreihe des Bundeskanzleramtes, Band 17; München 1995

Krüger, Dorothea: Alleinleben in einer paarorientierten Gesellschaft; Pfaffenweiler 1990

Meyer, Sybille, Schulze, Eva: Balancen des Glücks. Neue Lebensformen: Paare ohne Trauschein, Alleinerziehende und Singles; München 1989

NZZ Folio Nr. 5: Lust und Last der Ungepaarten; Zürich 1999

Ratgeber zum Thema Singles

Böschemeyer, Uwe: Und jetzt bin ich wieder allein. Chancen und Hoffnungen nach der Trennung; Stuttgart 1998

Jaegii, Eva: Ich sag mir selber guten Morgen. Single – eine moderne Lebensform; München 1992

Peiffer, Vera: Solotanz, Singles zwischen Glück und Sehnsucht; Münsingen-Bern 1993

Peiffer, Vera: Die Kunst, das Alleinsein zu genießen. Ein Positiv-Training für Singles; Augsburg 1997

Schmitz-Köster, Dorothee: Frauensolo, eine selbstbewusste Lebensform; Reinbek bei Hamburg 1993

vom Scheidt, Jürgen, Zenhäuser, Ruth: Alleinsein als Chance; Landsberg am Lech, 1997

Ratgeber zur Partnersuche

Page, Susan: Ich finde mich so toll – warum bin ich noch Single?; Zürich 1989

Saywer, Colene: Warum gerade du? Die verborgene Logik der Partnerwahl; München 1999

Stiftung Warentest: Partnervermittlung – Viel Geld für wenig Liebe; Heft 2/1998

Thiel, Christian: Vom Fröscheküssen oder wie man den Partner fürs Leben findet; München 1998

Zey, Rene, Karr, H-P.: Kennwort Liebe, Partnersuche per Inserat; Augsburg 1993

Bücher, die gut tun

Dale Carnegie: Freu dich des Lebens! Die Kunst, beliebt, erfolgreich und glücklich zu werden; München 1998

Freeeman, Arthur, Dewolfe, Rose: Die 10 dümmsten Fehler kluger Leute. Wie man klassischen Denkfallen entgeht; München 1999

Louden, Jennifer: Tu dir gut – Das Wohlfühlbuch für Frauen; Freiburg i. B. 1997

Minker, Margaret: Selbstwert statt Marktwert. Sich schöner fühlen und selbstbewusster werden; München 1996

Peiffer, Vera: Positives Denken; Augsburg 1997

Interesse an Singleseminaren?

Der Verlag vermittelt gerne den Kontakt zur Autorin.